Petit Livre du bonheur véritable

DU MÊME AUTEUR AUX ÉDITIONS SALVATOR

Sortir des difficultés quotidiennes, 2005.

Vous êtes une bénédiction, 2006.

Diriger les hommes, les éveiller à la vie, 2006.

À chaque jour sa bénédiction, 2007.

Ouvre grand mon cœur, 2007.

Retrouver en soi la source de la joie, 2007.

Accomplir son humanité, 2008.

Les Huit Secrets du bonheur, 2008, nouvelle édition 2010.

Petit Livre du bonheur véritable, 2008.

Petit Livre de la vie réussie, 2008.

À la source de la force intérieure, 2009.

Que dois-je faire ? Face aux difficultés de la vie quotidienne, 2009.

Quand je crie, réponds-moi. Les Psaumes dans ma vie, 2010.

Petit Livre des anges, 2010.

La Mystique, 2010.

Ce qui entretient l'amour, 2011.

ANSELM GRÜN

Petit Livre du bonheur véritable

Présenté par
Anton Lichtenauer

Traduit de l'allemand par
Charles Chauvin

Salvator
103, rue Notre-Dame des Champs
F-75006 Paris

Édition originale :
DAS KLEINE BUCH VOM WAHREN GLÜCK

(16e édition 2007)

Traduction française :

(3e édition 2011)
Yves Briend Éditeur
103, rue Notre-Dame-des-Champs F-75006 Paris
www.editions-salvator.com
contact@editions-salvator.com

Maquette de couverture : Isabelle de Senilhes
Maquette intérieure : Atlant'Communication

ISBN : 978-2-7067-0857-2

Avant-propos

Le conte *Jean le Veinard* est quelque peu irritant. Tout le monde berne Jean ; il perd ses biens et, finalement, il n'est plus l'idiot du village mais quelqu'un d'heureux. La leçon de cette histoire s'adresse moins aux enfants qu'aux adultes : il n'existe pas de lien véritable entre la fortune et le bonheur personnel. Le compte courant peut être rempli et l'âme, vide. Rien n'est plus variable que les circonstances extérieures.

La question se pose : Comment conquiert-on son bonheur ? De quoi dépend sa durée ? Quels liens existe-t-il entre l'intérieur et l'extérieur ?

Le mot « bonheur » ne se trouve pas souvent dans les textes de cet ouvrage. On n'y fera aucune promesse. D'ailleurs, il n'y a pas de recettes. Mais on met discrètement l'accent sur cette conviction : aucun être humain n'est de naissance condamné au malheur. Pas plus qu'à l'angoisse ou à la souffrance individuelle ou encore à son entourage. Car, en effet, tous nous sommes destinés à la joie, au plaisir de vivre et à la liberté intérieure.

En fait, chacun désire être heureux, si possible dès maintenant et définitivement. Mais alors, d'où vient que tant d'êtres humains soient passés maîtres dans l'art d'être malheureux ? Et pourtant, ils déploient d'incessants efforts en vue d'atteindre le bonheur. Ils y sacrifient leur temps. Ils poursuivent la réalisation de leurs désirs. Ils veulent tout faire correctement. Ils serrent les dents et ils se démènent. Ils s'assurent contre tout risque et restent disponibles à tout ce qui existe.

Anselm Grün s'interroge : Pourrait-il se faire que nous manquions notre but à cause de notre fébrilité ? Où donc est le feu intérieur, quand on se sent épuisé ? Quelle est la raison de cet ennui envahissant ? Et, quand on se donne tant de mal dans la vie, on peut se demander ce que peut contenir cette grande besace si pesante qu'il nous faut la porter sur le dos et qui projette une ombre aussi étendue.

Dans ses textes, Anselm Grün traite souvent de nos blocages intérieurs, des chutes dont nous sommes nous-mêmes la cause. Il nous conseille de les observer. Et de commencer par les laisser venir à nous, pour percevoir la réalité de nos sentiments et nos pensées. Pour accéder au bonheur, il nous faudrait connaître deux réalités – : nos propres limites, mais aussi nos rêves et nos désirs personnels.

Le bonheur est un oiseau discret. Comme le sommeil ou comme un rêve, il ne viendra pas, sans qu'on ne l'appelle. Étends très doucement la main et il peut se faire qu'il s'y dépose. Saisis-le et il en sera tout intimidé. Chercher à coup de volonté le bonheur – n'apporte rien. Le bonheur n'est pas un objectif à conquérir. C'est une surprise, un don.

Le bonheur est un don plein de douceur qui peut tomber du ciel. Il s'agit donc de le traiter avec précaution. Être indulgent envers soi-même. Communiquer de l'amour et être aimé. Aimer et être disponible à l'amour. Ce n'est pas le désir de possession qui rend heureux, mais c'est le don de soi qui rend vivant. Et quiconque accepte avec gratitude le don de l'autre, s'enrichit. Le bonheur est un présent.

Si le bonheur vous est donné, ce n'est pas tout à fait un hasard. On peut, certes, intervenir – par bonheur ! Parfois, il suffit de se frotter les yeux. Ou bien d'ôter les lunettes noires qui assombrissent notre perception. Il convient aussi d'être attentif au mystère de sa propre existence, pour être prêt à recevoir une visite inespérée – et éviter de fermer la porte au bonheur.

Tel est le paradoxe. Nous ne trouverons pas la paix intérieure, en partant à la conquête du monde entier : elle est en nous. Quand nous nous aimons, nous devenons aimables. Quand nous sommes rayonnants, nous transformons aussi les autres. Qui s'accroche, refuse le bonheur. Ce qui importe donc, c'est de ne rien retenir de façon absolue. Ni les objets, ni les sentiments, ni la propriété ni les jugements. Pas plus que les images que tu te fais de toi ou des autres.

Se répandre partout n'apporte rien. *Exister*, c'est plus que cela. C'est vivre sa propre vie, aujourd'hui et ici, en étant attentif à soi et ouvert aux autres, transparent à l'image rêvée de notre bonheur. « Suis ton propre sillage ! », dit Anselm Grün. Cette trace passe par notre propre quotidien, elle conduit à l'amour érotique de la vitalité, au plaisir de l'existence, à l'image de notre propre vie, telle une fête fantastique. La perspective de la joie est le bonheur le plus pur.

Anton Lichtenauer

RÉCONCILIE-TOI AVEC TOI-MÊME !

Le chemin de la sérénité du cœur

Le chemin de la sérénité du cœur

« CELUI QUE JE SUIS salue avec tristesse celui que je voudrais être ! » Dans cette assertion du philosophe danois Kierkegaard se cache une expérience que nous connaissons tous. Notre réalit – ce que nous sommes vraiment – et notre idéal – la représentation que nous nous en faisons – sont bien souvent très éloignés l'une de l'autre. Par ailleurs, il est sans doute naturel que tout être humain aime à s'inventer un idéal. Les idéaux représentent un principe tout à fait positif ; ils ont le pouvoir de nous inciter à grandir. Nous avons besoin d'idéal pour nous arracher à nos conforts. Malheureusement, beaucoup s'identifient à leur idéal, au point qu'ils n'ont plus le courage de s'assumer comme ils sont. Ils se refusent à accepter leur propre réalité. À leur avis, on ne les aimera et les autres ne les reconnaîtront que s'ils peuvent se valoriser et surpasser leurs semblables. En quelque sorte, ils fusionnent avec leur représentation idéale.

Nombre d'entre eux sont possédés par une méfiance congénitale qui les amène à penser qu'ils ne seront pas reconnus comme ils sont. Ils se disent : si tu savais comme je suis en réalité, tu ne m'accepterais plus. Ou bien encore : si les gens savaient ce qui se passe à l'intérieur de moi, les rêves qui m'agitent, ils cesseraient d'avoir de la considération envers moi.

Pour ne pas céder à cette méfiance congénitale qui m'empêche de demander à autrui de ne pas tomber dans le piège de me considérer tel que je suis, cela requiert de l'humilité, exige du courage face à ma propre vérité – le courage d'assumer ses propres zones d'ombre. Cela fait vraiment mal. Mais une telle dénégation ne nous conduira ni au bonheur ni à la paix intérieure. Assumer sa propre vérité en toute modestie nous mènera beaucoup plus sûrement à la paix du cœur.

Ne te force à rien !

QUI VEUT SE CONTRAINDRE et s'accabler fait obstacle à son propre bonheur. La figure légendaire de l'Antiquité que fut Procuste est tout à fait le contraire du symbole du bonheur. Procuste, installé sur la route, arrête tout passant pour les mettre dans son lit, en cherchant à les mesurer avec sa couche. Il s'attaque avec violence au passant trop petit en lui étirant les membres et il coupe les pieds à ceux qui sont trop grands. Ce traitement de choc fait mourir les petits comme les grands.

Le lit de Procuste est devenu proverbial. D'une part, cela s'applique aux idéaux trop ambitieux qui nous écrasent : en nous allongeant, on perd la vie, parce qu'en définitive, nous nous exténuons à force de surmenages. D'autre part, si nous avons de nous une idée trop mesquine, si nous nous lamentons en permanence en nous dévalorisant, c'est tout aussi néfaste qu'un idéal démesuré.

Parfaitement complet

« SOYEZ PARFAITS ! », lit-on dans la Bible. Il faut pourtant bien comprendre ce que cela veut dire. À coup sûr, il ne s'agit certainement pas de l'illusion de perfection que se font les perfectionnistes. Ce mot de « perfection », '*teleos*' en grec, veut dire en fait : complètement, totalement, en direction d'un but. Le terme *telos* est emprunté au langage des cultes à mystères et signifie, à l'origine, « initié au mystère de Dieu ». L'emploi de notre concept de « perfection » ne rend pas compte du contenu originel.

Les Latins se sont mépris, en traduisant : *Estote perfecti* ; soyez parfaits. Mais, être parfait, est différent de « être parfaitement complet ». Jésus a interprété ce mot de parfait en le complétant : « … comme votre Père du Ciel qui fait briller son soleil sur les bons comme sur les méchants ». Il relie les deux pôles : la lumière et l'ombre, le bien et le mal.

L'échelle céleste

La tradition religieuse connaît l'image de l'échelle céleste. La voie spirituelle est absolument comparable à une échelle qui nous emmène vers les hauteurs. Mais elle est en même temps profondément enfoncée dans la terre. Elle nous entraîne plus haut, seulement si nous assumons notre humanité.

Tel est le paradoxe chrétien : quiconque descend, monte. Qui voudrait monter pour échapper à sa condition terrestre, ne cessera de retomber – et d'échouer dans ses projets. La parole de Jésus ne dit rien d'autre : « Qui s'abaisse, sera élevé et qui s'élève, sera abaissé. » Ou encore, d'après la lettre aux Éphésiens : « Seul celui qui est monté dans les cieux est celui qui était d'abord descendu », que ce soit sur la terre ou dans son propre enfer.

Ce que nos fautes peuvent nous montrer

NOUS NE POURRONS JAMAIS totalement éliminer nos faiblesses et nos zones d'ombre. Mais nous pouvons apprendre comment les traiter. En soi, les fautes ne sont pas d'une telle gravité. Quand, par exemple, nous nous faisons des reproches parce que nous avons omis quelque chose, ce n'est pas un drame. Mais un bon nombre de gens a tendance à dire : « Si j'ai commis une faute, je ne vaux plus rien ; je serai rejeté. » Cette mauvaise attitude de base nous conduit précisément à nous fixer sur nos fautes. En conséquence, on voudrait absolument éviter de commettre aucune faute. Mais, l'expérience le prouve : qui veut éviter toute faute, en commettra de nouveau. Qui voudrait toujours tout contrôler, s'expose à ne plus contrôler sa vie.

Commettre des fautes est inhérent à mon humanité. Tout comme le fait d'être accepté et aimé avec mes fautes et en dépit de mes faiblesses. Certes, cela fait également partie de la vie humaine que de travailler sur soi pour lutter contre ses fautes, sans se croiser les bras sous prétexte que l'on est ainsi et que l'on ne peut rien y changer.

Mais si je m'assume vraiment, et bien sûr avec mes fautes, je puis faire une seconde démarche, en cherchant à améliorer bien des aspects. C'est le but de toute ascèse : m'entraîner à me mettre dans une forme qui me soit bénéfique, pour parvenir à un état de liberté. C'est vrai : l'ascèse n'aboutira pas à supprimer toute faute ; je commettrai de nouvelles fautes qui me montreront que je suis un être humain et non pas Dieu.

Qui ose innover, prouve son courage

NOUS VIVONS DANS UN MONDE et une société qui ne manifestent aucune indulgence envers les faibles. C'est certain : il est indispensable de se donner de la peine dans sa profession et de travailler de façon irréprochable. Mais, dans les entreprises, il s'avère assez souvent que ceux qui veulent à tout prix éviter de commettre la moindre faute, ne créent rien de nouveau. Des managers qui veulent apparaître comme ne faisant aucune erreur, restent collés à leurs sièges, voulant conserver leur pouvoir. Ils ont peur de toute nouveauté.

Qui désire innover, n'évitera pas de faire des fautes. Une fixation sur l'absence de toute erreur paralyse et conduit à répéter ce qu'on a toujours fait dans le passé et à veiller, plein d'angoisse, à ce que personne ne puisse lui faire le moindre reproche.

C'est le manque de courage et de confiance qui en est la cause. Une telle attitude rend prudent à l'extrême et finalement malheureux.

Accepte tes limites

TOUTE RECHERCHE FRÉNÉTIQUE de perfection renvoie à des rêves de toute-puissance. Dans son enfance, l'être humain connaît son désarroi et son impuissance. Mais il désirerait échapper à cette détresse qui caractérise tout bonnement son humanité. Pour réaliser cette fuite en avant, il a des rêves de toute-puissance : je suis le plus fort, je suis capable de faire tout ce que je veux. Mais quelle illusion ! En définitive, c'est en cela que réside le péché originel : vouloir être comme Dieu, être exempt de toute faute, être à même de faire tout ce que je veux. Cette tentation ne mène pas à la vie ; au contraire, les hommes s'aliènent ainsi et finissent par être chassés du paradis.

Ce n'est pas la frénésie de perfection qui me permet d'aboutir, mais seulement l'aveu de ma faiblesse humaine : je me libère intérieurement, et alors je peux réaliser ce qui est en mon pouvoir. Il s'agit toujours d'une juste tension entre la puissance et l'impuissance. Ces deux réalités sont notre lot. L'être humain n'est pas seulement impuissant et désemparé, mais il peut aussi montrer ce dont il est capable. La puissance est une réalité positive. Le pouvoir et le savoir, la possibilité d'organiser et de modeler la vie, voilà qui fait partie des possibilités humaines. Il convient, en ces domaines, de percevoir nos propres limites. Je ne puis pas tout faire ce que je veux. Il est indispensable que je sache quelles sont mes dispositions et mes possibilités. J'en suis certain : je suis en mesure d'aller jusqu'au bout de mes limites. Mais le but est aussi de pouvoir les découvrir et de les assumer.

Chacun est particulier

BEAUCOUP D'HOMMES VOUDRAIENT être vraiment originaux. Naturellement, tout homme est quelqu'un d'unique. Mais un grand nombre ne considère « sa » particularité que dans un surcroît de puissance ou de fortune. Pourtant, il faut savoir me livrer à une saine introspection, en me demandant quelle est l'histoire de ma vie, quelles sont mes blessures, quelle est ma sensibilité. Tout cela fait partie de ma personnalité, y compris mes meurtrissures, mes fautes et mes faiblesses. Et pas seulement mes virtualités.

C'est seulement si je me réconcilie avec l'ensemble de ces réalités, que je serai original et que je pourrai me considérer comme un reflet unique de Dieu. Mais si je persiste à vouloir être particulier tout en enjambant mon humanité, alors je suis sûr de tomber sur un bec !

Le courage d'être un homme

M'ACCEPTER – COMME JE SUIS – voilà qui fait sûrement partie des plus grandes difficultés de ce qui s'impose à moi. Il y faut de l'humilité et cette humilité implique que je descende dans les abîmes de mon âme, dans ses zones d'ombre, avec ses tendances agressives, meurtrières, sadiques et masochistes. Quiconque est sincère envers lui-même, saura le reconnaître. L'humilité requiert de moi que je plonge dans cet abîme, dans ce qui constitue ma détresse individuelle. C'est à coup sûr la difficulté majeure !

C'est exactement le sens chrétien du mot « humilité » : avoir le courage de descendre dans son humanité. Malheureusement, beaucoup de chrétiens, désireux de vivre parfaitement leur foi, veulent enjamber ce chemin. En Amérique, on parle de *by-passing* spirituel (on veut passer outre et en faire l'économie !). Agir ainsi, c'est se laisser bercer par de pieuses pensées, par des sentiments et par des idéaux de nature religieuse. Du coup, on échappe à son humanité.

Ce qui reste à sauver

IL N'EST PAS NÉCESSAIRE d'observer nos rêves pour découvrir que nous ne sommes pas, du point de vue moral, aussi irréprochables que nous désirons le montrer. Mais, à mon avis, ce qui est consolant dans le message chrétien, c'est la descente de Jésus aux enfers – dans le royaume de l'hadès, dans mon propre enfer. Il est entré discrètement en contact avec tout ce qui était mort, putride et abject, afin de susciter une vie nouvelle. Le plus important est d'avoir confiance que tout peut exister. En fait, beaucoup de personnes ont peur de regarder à l'intérieur d'elles-mêmes, parce qu'elles redoutent de voir s'effondrer toute la structure de leur vie. Quand on les questionne sur la peur, elles répondent : Alors, je n'aurai plus de cohésion. Ou encore : Tout est mauvais en moi ; j'y découvrirai ce qui me détruit et ce dont je n'arrive pas à venir à bout, et cela, je ne puis le supporter.

Ce qui est décisif est de ne pas commencer à m'observer isolément ; je n'ai nul besoin de me mettre sous pression. Il m'est toujours possible de le faire sous le regard bienveillant de Dieu. En sa présence, je peux en prendre conscience : tout a droit de cité en moi, rien n'est totalement mauvais, rien de ce qui m'anime ne m'avilit ; tout peut être transformé – y compris ce qui, en moi, reste à sauver.

Sous influence

BIEN DES HOMMES SONT en totale dépendance des jugements et des critères de leur entourage. La question actuelle n'est plus de savoir comment je trouverai un Dieu qui me fait grâce, mais comment je trouverai des hommes qui me font grâce. Pour être aimé de tous, je suis prêt à satisfaire aux demandes des autres. Une telle attitude ne nous mène pas à la liberté, ni à notre humanité ni à notre dignité.

Au contraire : nous sommes obsédés par ce que les autres pensent de nous, par ce qu'ils réclament de nous et ce qu'ils désirent. Toute la conception de notre vie est bâtie sur la recherche de l'amour des autres. Voilà qui est contraire à notre dignité.

Vivre le pardon

À CELUI QUI FAIT UNE FIXATION sur la perfection, j'aimerais dire : le péché peut aussi t'amener à surmonter le concept de vie que tu as toi-même échafaudé, qui te met à l'étroit, t'entourant comme un mur et il peut aussi te faire jeter par-dessus bord ce qui fait tes limites, en laissant Dieu t'approcher. Ce n'est pas pour rien que Jésus s'est adressé aux pécheurs. Ceux-ci sentent aussi qu'ils dépendent de Dieu, alors que celui qui cherche à être parfait se protège de tout et finit par ne pas laisser Dieu s'approcher de lui. Or, il est naturel que nous soyons toujours coupables, que nous le voulions ou non.

De par sa nature, la faute appelle d'abord l'aveu de la fragilité humaine, puis elle m'incite à me tenir devant Dieu pour expérimenter son pardon : je suis accepté avec ma faute ; je ne suis pas dominé par elle ni par mon passé. Car aussi bien, au cœur du message chrétien, existe la possibilité de toujours recommencer et par notre faute, nous n'avons pas signé notre échec : notre vie peut redevenir nouvelle et plénière.

Pour sortir du piège du perfectionnisme

LA SÉRÉNITÉ, LA LIBERTÉ, le sentiment de l'estime de soi, le bonheur, tout cela n'est pas compatible avec la peur qui se cache dans le perfectionnisme : à savoir l'inquiétude profonde de ne rien valoir. Car pour quelles raisons, est-ce que je désire être parfait ? Est-ce que je compte à mes yeux seulement quand je ne commets aucune faute ? Est-ce que j'ai peur de compter seulement, quand je fais preuve d'efficacité et que je suis irréprochable ?

Il existe un chemin pour sortir du piège du perfectionnisme. En définitive, seules deux démarches sont nécessaires pour suivre cette route :

La première démarche au dehors peut seulement se produire en démasquant une telle peur. D'abord, quand la peur est perçue, je puis entendre la bonne nouvelle : « Tu as du prix, parce que tu existes. » Et non pas seulement quand tu es parfait.

La seconde démarche sera celle-ci : il faut examiner pourquoi cela me tourmente tellement de commettre une faute. De quelle nature est cette peur fondamentale ? Est-ce à cause de la gravité de la faute ? Ou bien est-ce la peur qui provient du jugement de tes semblables ? Est-ce que je cultive un tel idéal de ma personne qu'il m'est impossible sans cela ? Que se passe-t-il quand je fais l'aveu de ma faute ? Certes, je serais dans l'obligation de m'affranchir de maintes illusions, mais peut-être que ce serait précisément le chemin de la liberté intérieure. Quel est effectivement mon désir le plus profond, quand je souhaite être sans faute ? Encore une autre interrogation : si je commets une faute, est-ce tellement grave ? Qu'est-ce qui se brise alors ? Seulement, mes illusions ? Ou bien l'attente excessive d'autrui ? Mais est-ce que je suis contraint de satisfaire à ces attentes ?

Les grands aussi ont été des hommes

C'EST UN MESSAGE BIBLIQUE réconfortant : les grandes figures de l'histoire du salut ont été des êtres humains. Si nous voulons nous mettre à la suite de Paul ou de Pierre, de Moïse ou de David, cela n'implique pas qu'il nous faille devenir parfaits. Suivre ces grands modèles est d'une toute autre portée. Il s'agit de nous demander en permanence ce que, dans notre situation, avec nos défauts et nos faiblesses, ainsi qu'avec nos capacités, Dieu veut de nous et quelle est notre mission tout à fait personnelle. En outre, nos fautes peuvent devenir transparentes devant Dieu. Car si nous avons des défauts, nous sommes plus sensibles vis-à-vis des autres, sans chercher à nous élever au-dessus d'eux, mais en témoignant davantage de bonté – et cela ressemble à une annonce de la miséricorde et de l'amour divin.

L'homme parfait proclame l'image d'un Dieu comptable qui vérifierait avec précision où en est le débit et le crédit de notre compte, l'image d'un Dieu préoccupé de rentabilité, bref, celle de la perfection divine. Quant à Jésus, il annonce le Père qui, bien sûr, nous stimule, mais qui, avant tout, est le Père de miséricorde qui nous prend comme nous sommes.

Seulement l'amour

SANS NOUS AIMER, nous ne pouvons pas nous connaître. Seul, l'amour nous fait pénétrer profondément en nous, pour nous faire découvrir qui nous sommes en vérité. S'aimer soi-même n'a rien à voir avec l'obsession de soi !

Un peu d'humour !

IL TE FAUT LE SOURIRE d'un enfant, pour pouvoir t'assumer et t'aimer ou l'humour subtil d'un être humain qui a gardé son cœur d'enfant. Qui se prend trop au sérieux, est contraint, soit de faire l'important et de se comporter comme un grand personnage, soit de se mépriser en se dévalorisant outre mesure.

T'aimer signifie t'estimer tel que tu es devenu dans l'histoire de ta vie.

Aie de la tendresse à ton égard

SE RÉCONCILIER AVEC SOI SIGNIFIE : faire la paix intérieure, être en harmonie avec celui que je suis devenu. Apaiser le conflit entre la diversité des aspirations et des désirs qui m'assaillent. Supprimer la division qui s'est fait jour entre mon image idéale et ma réalité. Apaiser l'âme révoltée qui se rebelle constamment contre celui que je suis réellement.

Cela va jusqu'à embrasser ce qui me fait difficulté, oui, embrasser mes défauts et mes faiblesses, traiter avec tendresse ce qui justement est en contradiction avec mon image idéale.

Traite-toi avec bonté

SE MONTRER MISÉRICORDIEUX envers soi-même, c'est se témoigner de la tendresse, c'est être bon, sans s'irriter contre soi en s'accablant à coup de résolutions ; avant tout, c'est avoir du cœur vis-à-vis de ce qui, en soi, est faible et esseulé. Souvent, nous nous infligeons un traitement sans bonté. Nous sommes impitoyables envers nous-mêmes, quand nous avons commis une faute. Nous nous invectivons, quand ça va mal.

Dans notre Surmoi, il y a de la dureté de cœur. Il juge toutes nos pensées et tous nos sentiments, quand nous ne sommes pas en conformité avec nos propres exigences. Contre la dureté de cœur de notre Surmoi, nous ne savons pas comment intervenir. C'est alors que nous avons besoin de réentendre les paroles de Jésus qui nous montre le regard de son Père de miséricorde, lui qui ne repousse pas son fils prodigue, mais qui organise une fête, parce qu'il a retrouvé celui qui était perdu et qu'il a redonné la vie à celui qui était mort.

Nous avons besoin d'un ange de miséricorde, qui désarme en nous le juge intérieur et qui comble notre cœur d'un amour de tendresse.

Au contact de son cœur

JE CONNAIS BEAUCOUP D'HOMMES qui s'engagent avec bonté en faveur des malades et des gens solitaires, mais qui s'infligent un traitement sans aucune indulgence. Une telle absence de bonté envers soi met en cause la qualité du secours que l'on apporte à autrui. Dans mon amour, se glissera une certaine revendication. Je prendrai ombrage, quand mon immense amour ne sera pas vraiment payé de retour.

Pour que je puisse aimer l'autre de tout mon cœur et pour être à cœur ouvert pour elle ou pour lui, encore faut-il que j'entre en contact avec mon propre cœur ; je dois commencer par me tourner vers tout ce qui, en moi, est pauvre et malheureux. Je pourrai alors cesser de condamner autrui, et je serai en mesure de l'accueillir en mon cœur avec ce qui subsiste en lui de malheureux, de tiraillé, d'inassouvi. Mon secours cessera de transmettre aux infortunés une mauvaise conscience. Au contraire, ils trouveront en mon cœur un espace et une patrie

Réconcilié et en harmonie

C'EST SEULEMENT QUAND je suis en accord avec moi-même que je puis songer à rapprocher les gens de mon entourage qui sont en conflit avec moi et avec d'autres. Les personnes, divisées et brouillées avec elles-mêmes, provoquent la division autour d'elles.

Prends acte de tes sentiments

Les hommes peinent à prendre en compte leurs sentiments et leur vie intérieure. Ils préfèrent écarter la véritable connaissance qu'ils pourraient avoir d'eux-mêmes et ils transfèrent leur énergie dans leur profession, par exemple, où ils se sacrifient pour leur famille.

Mais, moins ils se connaissent, plus ils ont peur de ce qui s'avère obscur en eux et plus ils réagissent avec anxiété à ce que leurs enfants reflètent à leurs yeux.

Ne te dévalorise jamais

LES HUMBLES ne sont pas des hommes qui se rabaissent ou qui surtout tirent au flanc, sous le prétexte qu'ils manquent de confiance en eux. Ils ne sont pas des gens fourbes qui se dévalorisent en adoptant une fausse attitude d'assujettissement ; ce sont des gens qui ont le courage de leur propre vérité et qui font preuve de modestie.

Ils sont conscients qu'en eux existent tous les abîmes de ce monde. Aussi ne condamnent-ils personne. Parce qu'ils sont descendus jusqu'au tréfonds de leur vérité, ils peuvent se muer en anges d'humilité, qui remettent debout ceux qui sont courbés et qui ont subi des échecs.

À la découverte de ta personnalité

Il est inutile d'attendre que nous ayons détecté toutes nos blessures et travaillé sur elles. Ce qui compte, c'est la découverte de notre personnalité. La rencontre de Jésus peut nous être de quelque secours pour reconnaître, dans les complexités survenues dans l'histoire de notre vie et à travers elles, cette intimité intacte et authentique : en priant, nous pouvons nous retirer dans ce sanctuaire sacré ; là, nous sommes inaccessibles à autrui et en plénitude et les blessures des autres n'y exercent plus sur nous aucun pouvoir.

Alors, nous pourrons trouver notre empreinte vitale : elle nous amènera à faire apparaître de plus en plus notre figure originelle et intacte.

Un espace sacré

COMME LE DISENT LES MYSTIQUES, en chacun de nous existe un espace de paix et de liberté. Nous n'avons pas à commencer par le créer, il est déjà en nous. Là, nous sommes pléniers et sains. Cet espace n'est pas affecté par nos fautes et nos faiblesses, ni par les jugements et les condamnations de nos semblables, ni par leurs attentes. Là, nous pouvons nous reposer, parce que Dieu en personne demeure en nous. Quand nous parvenons à rejoindre un tel espace, nos fautes n'ont plus aucun pouvoir sur nous ; il nous est possible de les tolérer, puisque nous savons qu'en nous, subsiste cette réalité pure et intacte. Si je peux faire et refaire cette expérience de l'espace sacro-saint, il m'est, en revanche, impossible de l'arracher par force. Mais si je m'adonne à une méditation ou si, tout simplement, je m'oublie totalement – par exemple, lors de la contemplation d'un lever de soleil – alors je pressens quelques aspects de cette unité, de ce salut et la contrainte de devoir devenir parfait disparaît. Alors, c'est tout simplement le bonheur.

Un grand nombre d'hommes – bien plus que nous le pensons -, expérimentent cette unité avec soi ou avec la nature. Cet état d'harmonie avec la vie, telle est pour moi une expérience spirituelle profonde. L'épître aux Hébreux parle du sanctuaire où Jésus a pénétré et où nous pouvons entrer dès à présent. Eckhart parle de la « petite étincelle de l'âme », Thérèse d'Avila, de la « demeure la plus intime du château », ou songeons à la « cellule intérieure » de sainte Catherine de Sienne. Ce sont des symboles qui peuvent nous aider. Assurément, l'expérience ne se vit que dans l'instant. On ne peut la retenir. Mais elle fait partie des moments spirituels profonds du véritable bonheur. Elle représente le fondement de toute joie.

La gaieté est contagieuse

En présence d'un homme joyeux, on ne peut s'entretenir de la fin du monde. On ne peut pas non plus se lamenter sur les situations tragiques internationales. L'homme joyeux ne ferme pas les yeux sur les réalités concrètes. Il ne nie pas les faits négatifs.

Mais, il voit tout sous un autre angle, finalement sa perspective est religieuse : il observe les ténèbres jusqu'à ce qu'il aperçoive le fondement lumineux de Dieu.

Une présence bénéfique

On ne peut effrayer un homme épanoui. Il est sûr de lui et rien ne peut le bouleverser. En conversant avec un tel homme, tu peux aussi te réjouir intérieurement. Car tu entrevois subitement ta propre vie et son environnement avec un autre regard. Cela te fait du bien de te trouver en compagnie d'un homme qui manifeste sa joie.

Tu le sais, il peut être exaspérant de se trouver avec des gens qui voient tout à travers des lunettes fumées et qui sont rivés sur le côté négatif de toute situation. L'homme joyeux t'épanouit. D'un coup, tu te sens plus léger. Aussi, je te souhaite de rencontrer beaucoup d'anges de la sérénité.

Tout est bien ainsi

La sérénité n'est pas simplement un trait de caractère naturel. C'est le fruit d'une grande confiance : on est accepté sans condition tel qu'on est, et finalement, tout est bien ainsi. Cela résulte du courage que l'on manifeste dans la perception de sa propre vérité

SI LE BONHEUR VIENT TE RENDRE VISITE, SOIS ATTENTIF À SA MERVEILLE

Le bonheur vient nous rendre visite

« Il n'y a qu'une faute originelle, c'est celle de croire que nous sommes ici-bas pour être heureux. » Cette affirmation est due à Arthur Schopenhauer et il est attesté que Schopenhauer était un pessimiste désespéré. Pourtant, il y a, dans cette assertion, une part de vérité. Plus nous voulons directement le bonheur, moins nous y parvenons. Il m'est impossible d'y accéder de façon volontaire. Je serai heureux si j'aime, si je réussis quelque part, si je vis une profonde émotion. Je peux me décider en faveur de l'amour.

Je peux m'efforcer de bien faire mon travail, pour qu'il me réussisse. Je peux écouter de la musique, faire une promenade à travers un merveilleux paysage. Quand je suis entièrement à ce que je suis en train de faire, en écoutant de la musique, en marchant, en contemplant, en savourant, alors le bonheur vient à moi.

Il m'est impossible de trouver le bonheur en voulant l'extorquer. C'est lui qui me rend visite, si je m'engage dans la vie, si je suis prêt à me laisser surprendre.

Dépasser les apparences

IL EST FRÉQUENT QUE NOUS NE VOYIONS que la surface des choses. Nous regardons ce qui se passe dans le monde, sans en comprendre le sens. Nous regardons la nature, sans voir le créateur à travers la beauté de la création. Renouveler sa pensée pourrait signifier : dépasser les apparences, ne pas oublier que nous reconnaissons en Dieu le fondement de tout être. Il nous faut pratiquer cette nouvelle manière de voir les choses. Et cela ne va pas de soi.

Nous cesserons de juger les gens et les choses. Quand nous regardons un être humain, nous voyons ses défauts et ses faiblesses, mais nous ne dépassons pas les apparences ; nous n'envisageons pas ce qui se cache dans l'histoire de sa vie et sa personne singulière, telle que Dieu l'a tracée. En regardant les événements de notre vie quotidienne, voyons-y l'action de Dieu. En regardant le paysage, voyons-y l'esprit de Dieu qui insuffle et pénètre tout.

Des bœufs qui sont heureux

« Si le bonheur se trouvait dans les plaisirs du corps, on pourrait trouver que les bœufs sont heureux, à partir du moment où ils peuvent brouter des pois gourmands sauvages. » C'est ainsi que le philosophe grec Héraclite a exprimé, sans détour, sa philosophie du bonheur. Toutefois, il n'avait pas totalement raison : quand un enfant est heureux, il exprime son bonheur à travers son corps. Le bonheur est charnel. Quand nous nous sentons bien dans notre corps, c'est déjà un pressentiment du bonheur. Mais, pour Héraclite, le bonheur ne réside pas dans les plaisirs corporels. Cela traduit-il un mépris ascétique du corps ? Je ne le pense pas.

Dans mon corps, je me sens heureux si je suis bien en rapport avec lui, si mon esprit demeure dans mon corps, si j'aime mon corps et, en lui, ma personne intime. Ce n'est pas la satisfaction des besoins physiques qui me rend heureux. Car cela peut devenir une passion qui me rendra malheureux. C'est seulement quand l'esprit demeure dans mon corps et que mon esprit voit et entend, sent, savoure et palpe grâce aux divers sens dont dispose mon corps. Alors, j'éprouve le bonheur de façon physique. Mais le bonheur a toujours ses limites. En savourant un mets sucré, j'éprouve du bonheur, mais seulement si je suis totalement présent à l'acte de savourer et à l'instant où je déguste. Qui engloutit tout en lui, de peur de manquer, ne peut apprécier. Savourer présuppose le renoncement, tout comme le bonheur, l'ascèse.

Le plaisir de vivre commence dès le matin

L'ANGE DU PLAISIR DE LA VIE agit dès le matin, en m'ouvrant les yeux au mystère de cette journée, aux petites joies qui se préparent, à l'air frais qui pénètre par la fenêtre ouverte, à mon corps sous la douche, au pain frais du petit déjeuner, à la rencontre des personnes, avec lesquelles j'aurai à faire aujourd'hui.

L'ange du plaisir de vivre me prend par la main et me montre qu'en soi, la vie est belle. C'est beau d'être en bonne santé et de mouvoir son corps. Cela fait plaisir de respirer en toute liberté. Et c'est une joie que d'avoir une bonne perception des surprises quotidiennes.

La vie est une fête

POUR LA PHILOSOPHIE STOÏCIENNE, notre vie est une fête permanente. Nous célébrons le fait que nous, les humains, nous sommes revêtus d'une dignité divine. Cette fête se découvre dans la lenteur de nos mouvements. Nous saisissons les objets lentement ; nous marchons lentement. Nous nous accordons du temps pour un entretien. Nous mangeons très lentement, en en prenant pleinement conscience. Et voilà que nous découvrons comme tout cela a bon goût. Il nous est possible de savourer. C'est encore la fête, quand, très lentement, nous mastiquons une bouchée de pain.

Jouis à présent !

QUI A TOUJOURS FAIM ne peut se rassasier quand la table est trop richement servie.

Joies estivales

QUAND TU TE PROMÈNES le matin dans une prairie où est tombée la rosée, tu te sens plus frais et plus dispos. Tout ton corps jouit de la fraîcheur, quant tu marches pieds nus dans la prairie. La rosée t'incite à te contenter de regarder la prairie et à t'étonner du jeu de la lumière dans les gouttes qui sont tombées la nuit. C'est un spectacle immaculé. Tu crains de perturber ce grand mystère.

Or, il t'invite à regarder simplement, à contempler et à t'étonner. Le matin estival remplit l'âme de joie. On comprend bien alors le verset du psaume : « Au soir, la visite des larmes, au matin, les cris de joie » (Ps 30, 6). La rosée fait disparaître de l'âme les soucis du jour passé ; elle la rend toute nouvelle.

Rien de particulier ?

L'ATTENTION EST PROCHE DE L'ÉVEIL. Qui observe avec attention sa respiration, qui avec attention dirige ses pas, qui prend pareillement la cuiller dans la main, qui est totalement à ce qu'il est en train de faire, celui-là s'éveille. L'attention désire nous mettre au contact avec les objets et les êtres humains.

Un jour, on demanda à un moine zen quelle était sa pratique de la méditation. Il répondit : « Quand je mange, je mange ; quand je suis assis, je suis assis. Quand je suis debout, je suis debout. Quand je marche, je marche. » Celui qui l'interrogeait, lui dit : « Il n'y a là rien d'extraordinaire ! C'est ce que nous faisons tous ! » Alors le moine lui dit : « Non, quand tu es assis, tu te lèves déjà et quand tu te lèves, tu es déjà en route ! »

Des miracles se produisent

« LÀ OÙ AUCUN MIRACLE ne se produit, on ne voit pas de gens heureux ! » C'est Friedrich Schiller qui a formulé cette vérité, à première vue assez surprenante. Dans un de ses poèmes, il a présenté 'le bonheur' comme n'étant pas susceptible d'être obtenu à la force du poignet, ni non plus par un effort personnel.

En réalité, le bonheur est, en définitive, toujours un don, toujours un miracle.

Des miracles, on ne peut pas soi-même en faire
Des miracles se produisent
Les miracles nous stupéfient
Les miracles surviennent
Et les miracles viennent toujours du ciel !

Ils tombent sur nous, afin que nous ne passions pas à côté. Notre tâche est de saisir le miracle du bonheur que Dieu nous envoie.

Accepte ce qui est étrange

De par nature, l'homme est quelqu'un qui reçoit et qui accueille.

Avant d'entrer lui-même au travail, il doit d'abord découvrir et accepter le monde qui lui est proposé. Il doit tolérer ce qui existe. Il doit permettre à celui qui le précède d'être comme il est.

L'esprit de l'homme dépend des impressions et des images qu'il reçoit par ses sens. Rien n'existe dans l'intelligence, qui n'ait d'abord été perçu par la sensibilité, comme dit Thomas d'Aquin. Et les sens ne peuvent nous offrir que ce qu'ils ont d'abord reçu.

L'être humain peut donc seulement reconnaître, quand il accorde au monde l'accès à ses sens et à sa pensée, que ce qui est étrange pénètre en lui. Il ne suffit pas de faire le constat de ce qui existe dans la vie. Il doit laisser le monde venir à lui ; il doit consentir à ce qu'il puisse se montrer et se révéler à lui.

Respecte ton ange – et crois en lui

LES ANGES SONT DES MESSAGERS DE DIEU. Ils annoncent la parole divine aux hommes. Il leur indique sa présence salutaire et salvatrice. Ils interviennent dans leur vie, les protègent des dangers, les accompagnent sur leurs chemins et ils leur parlent dans les rêves.

Les anges sont les ambassadeurs d'une autre réalité, encore plus profonde. Ils sont les symboles d'une paix et d'une patrie, de l'aisance et de la joie, de la vitalité et de l'amour. Ils relient le ciel à la terre. Ils nous ouvrent le ciel, en donnant à notre vie un éclat céleste.

Examine ta pensée

NOUS DEVONS EXAMINER ce que nous pensons, pour voir jusqu'à quel point nous nous faisons du tort avec nos pensées. Notre pensée correspond-elle à la réalité ou la falsifions-nous ? D'où provient notre lecture de la réalité ? Si j'interprète négativement ma profession et mon travail, comme une exploitation, comme une source d'ennui, comme une surcharge, je les vivrai ainsi. De ce que je pense, dépend ma façon de sentir, la manière de rencontrer ceux qui m'entourent ainsi que mon mode de vie quotidien. Est-ce que je pense ce que pense tout mon entourage ou est-ce que j'adopte les pensées de Dieu ?

Si nous regardons la réalité avec les yeux de Dieu, nous reconnaîtrons vraiment ce qui est bon pour nous, ce qui nous rend plénier et sain, ce qui nous mène à la vie véritable.

Apprends à *être*

APPRENDS L'ART D'ÊTRE et de vivre avec intensité.

Essaie donc simplement de marcher en prenant le temps et en toute conscience, quand, au travail, tu veux te rendre d'une porte de bureau à une autre.

Tente, durant ta promenade, de bien sentir chacun de tes pas, de percevoir comment tu foules le sol et de quelle façon tu le quittes.

Tente de prendre la tasse dans ta main, lentement et en toute connaissance de cause.

Déshabille-toi le soir avec lenteur.

Tu verras comment tout devient un symbole : par exemple, le dépôt de tes vêtements peut évoquer la fin de la journée et de ses fatigues.

Ce qui est important, c'est l'instant présent

C'EST UNE GRANDE GRÂCE que de pouvoir s'accepter. Mais la grâce de toutes les grâces réside dans la possibilité de s'oublier. Je connais des personnes toujours en train de se préoccuper d'elles-mêmes. En congé, elles ne sont pas capables de se mettre à admirer la beauté de la nature, car elles se demandent si elles ont choisi la bonne formule de congé et si le temps ne serait pas meilleur là où elles auraient voulu se rendre. Dans la rencontre d'un être humain, elles se demandent ce qu'il pense d'elles. Elles sont dans l'incapacité d'être vraiment tout à lui. Dans la prière, elles se demandent ce que cela leur apporte. Bref, en tout ce qu'elles font, leur *ego* fait obstacle.

S'oublier est l'art de s'adonner totalement à ce que l'on est en train de vivre. C'est seulement si je m'oublie que je puis faire véritablement acte de présence. C'est à la condition de cesser de penser à moi et à l'impression que je fais à l'extérieur que je puis être totalement présent à une rencontre, à un entretien, pour jouir de ce qui se vit entre nous.

Pressens qui tu es

DANS LE RÊVE, l'enfant est toujours une image de l'émergence d'un renouveau en nous. Il renvoie à l'image intacte et authentique que Dieu s'est faite de nous. Parfois, nous rêvons que nous avons un enfant blessé dans les bras ou que nous le laissons tomber. Nous l'oublions et nous l'abandonnons quelque part.

Le rêve tient à nous encourager à traiter avec soin l'enfant qui est en nous. Nous pressentons qui nous sommes. Mais nous retombons dans les rôles et les modèles anciens. Nous blessons l'enfant qui est en nous. L'enfant, dans le rêve, est aussi le symbole d'un nouveau commencement.

Quand les chaînes tombent

MÊME LE RÊVE EST UNE RÉALITÉ qui a des conséquences à l'extérieur. Si, dans un rêve, nos liens se défont, nous agirons plus librement dans la réalité quotidienne. Ce qui se passe dans l'inconscient est réel et pénètre dans la réalité consciente.

Si je rêve à l'effondrement des murs d'une prison, de fait, ma prison s'ouvrira. Si je rêve que mes persécuteurs se sont éloignés de moi, j'aurai fait un pas en avant sur le chemin de mon épanouissement personnel.

Suis la trace de ton désir

LES IMAGES NE CHERCHENT PAS à te forcer à quoi que ce soit. Elles te laissent la liberté de voir ce que tu désirerais voir. Mais elles t'offrent une vision nouvelle. Elles t'ouvrent une fenêtre par laquelle tu perçois une vue nouvelle sur une réalité que tu avais jusque-là négligée. Les images viennent te chercher là où tu te trouves. Tu peux investir les images de tes désirs tout à fait personnels, qu'ils soient païens ou chrétiens, religieux ou non.

Tu n'as qu'à suivre la trace de ton désir. Et les images t'ouvriront au mystère de ta vie.

Ne rien juger

L'ATTENTION ME REND SENSIBLE à mes nombreuses distractions. J'en prends acte sans porter de jugement. Une telle attitude apaise. La raison de notre inquiétude se trouve fréquemment en ce que nous voulions évaluer toutes nos actions. Et, la plupart du temps, cela ne correspond pas à l'aune de nos échelles de valeurs. Ce qui provoque notre mécontentement vis-à-vis de nous et de ce monde et il en ressort une inquiétude diffuse.

Quand je perçois la réalité des choses sans les juger, je peux les laisser sans me croire obligé de les changer. Et si je peux les laisser en l'état, elles se changent d'elles-mêmes. S'il m'est possible de laisser mon inattention, sans la combattre, elle se changera en attention, sans que je sois contraint de recourir à une multitude de méthodes et de techniques. Je me contente de prendre acte de mon inquiétude en toute sérénité. Je le ressens : à bien des égards, un mouvement s'opère en moi. Mais, au niveau de ce que moi, je ressens, je cesse d'être dans l'inquiétude.

Apprends à attendre

L'ATTENTE PRODUIT DEUX EFFETS : l'ampleur du regard et l'attention à l'instant que nous sommes en train de vivre, ainsi qu'aux hommes avec qui nous allons converser. L'attente élargit notre cœur. Durant l'attente, je perçois que je ne suis pas assez moi-même. Chacun de nous le vit, quand il attend un ami ou une amie. Il regarde sa montre à chaque minute pour savoir s'il n'est pas temps qu'il arrive. Il est tendu vers l'instant où l'ami (ou l'amie) va descendre du train ou sonner à la porte. Quelle déception pour nous, quand quelqu'un d'autre se présente à l'entrée !

L'attente produit en nous une tension qui peut nous irriter. Nous sentons que nous ne sommes pas suffisamment nous-mêmes. En attendant, nous nous rapprochons de celui qui touche notre cœur qui bat d'autant plus fort qu'il comble notre désir.

Pratique quotidienne

En allemand, *Achtsam* (attention) vient du mot *achten*, qui signifie être attentif, réfléchir, penser. J'agis avec réflexion, attention et conscience. Je suis totalement à ce que je fais. J'y consacre tous mes sens. Le corps et l'esprit sont également actifs. Être attentif appelle une totale présence à chacun des instants. Je ressens le caractère mystérieux qui réside dans l'instant présent, dans le temps et dans mon existence. En pleine conscience et en y pensant avec précision, je suis à ce que je fais, à ce que je palpe, à l'objet de mon travail. Je décide de prendre en main avec attention mon outil ou mon stylo à bille ou encore la clé de ma voiture. J'utilise avec ménagement mon ordinateur. Je perçois ce qui se meut en moi, mais sans maugréer et sans me demander à l'envi, si telle ou telle pulsion de mon corps révèle une maladie. Je marche avec attention. Je suis tout à mon déplacement et à chacun de mes pas. Je sens mon corps, mes muscles et ma peau.

Évidemment, il n'est pas question que je vive cette attention à tout instant. Ce serait trop me demander. Mais c'est un bon exercice que de vouloir vivre chaque jour quelques instants de cette vie en pleine conscience.

L'indispensable nous est donné gracieusement

QUI NE SAIT PAS ATTENDRE, ne pourra jamais acquérir une forte personnalité. Il sera dans l'obligation de satisfaire de façon immédiate le moindre de ses désirs. Ce qui le fera dépendre immédiatement de chacun de ceux-ci. L'attente nous libère intérieurement. Si nous pouvons attendre jusqu'à la satisfaction de notre désir, nous supporterons la tension que cause en nous l'attente. Cela élargit notre cœur et, en outre, nous aurons l'agréable sensation que notre vie n'est pas banale.

C'est ce que nous constatons, quand nous attendons quelque chose de mystérieux ou que nous sommes dans l'attente de voir se réaliser notre désir le plus cher. Alors, nous en faisons la découverte : nous sommes plus que ce que nous pouvons nous donner à nous-mêmes. L'attente nous montre que ce qui nous est nécessaire nous est donné gracieusement.

Tu as de la valeur

QU'EST-CE QUI EXPLIQUE la tension dans l'attente ? Que ressens-tu quand tu attends la venue de quelqu'un qui t'est cher. C'est une nouveauté qui va entrer dans ta vie. Ce sera pour toi un cadeau. Tu t'en réjouis et tu te sens plein de vitalité. Des sentiments intenses surgissent en toi. Il n'y a pas que toi qui sois dans l'attente ; tu es toi-même attendu. Que ressens-tu quand toi-même, tu es attendu, quand Dieu t'attend ? D'autres placent leurs attentes en toi. Elles peuvent réduire ta liberté d'action. Mais, quand plus personne ne t'attend, tu te sens de trop.

Tu es invité à élargir ton cœur dans l'attente et à te remettre debout, quand tu es attendu à ton tour. Tu as du prix. Beaucoup t'attendent.

Fenêtre sur le ciel

CITONS LE MOT CÉLÈBRE DE SAINT-EXUPÉRY : « Si tu veux construire un bateau, donne aux hommes le désir de la mer ! » Dans le désir, se trouve une force qui rend capable d'aborder tout à fait concrètement les utopies. Le désir a poussé les hommes du Moyen Âge à construire de grandes cathédrales. Cette architecture a été inspirée par le désir. La musique en vit aussi. Elle ouvre une fenêtre sur le ciel. Tout art est finalement un avant-goût de l'éternité, des réalités à venir, une expression de la nostalgie du Tout-Autre.

Cette nostalgie possède la force de dynamiter le béton, de briser la carapace que nous avons construite autour de nous, pour ôter toute sensibilité vis-à-vis des autres. La nostalgie ouvre notre monde rétréci. Elle tient l'horizon ouvert au-dessus de nous. Elle ne se ferme pas aux redoutables réalités de l'existence. Elle nous fait suivre la trace de l'espérance qui nous fait voir la réalité, sans que, pour autant, nous succombions au désespoir.

Penser avec le cœur

L'HOMME AVISÉ NE PENSE PAS seulement avec sa tête, mais aussi avec son cœur. Résolument, il saisit l'occasion qui s'offre à lui. Et il perçoit les différences subtiles qui restent cachées à bien des esprits frustes.

La sagesse est l'intelligence pratique qui transforme le savoir en une action adaptée à la réalité. L'érudition est d'un bien faible secours, si tu ne sais pas ce qui s'impose à toi à l'instant présent.

Entretiens le feu intérieur

Le prêtre et écrivain Henri Nouwen présente la vie spirituelle comme le maintien d'un feu intérieur brûlant en chacun de nous. D'après lui, bien des hommes sont éteints, parce qu'ils ont trop ouvert à l'extérieur les portes de leur four. On ne peut plus entretenir la braise. Elle se réduit rapidement à de la cendre éteinte. Pour moi, la vie spirituelle est l'entretien du feu intérieur.

Traces d'enfance

Où t'es-tu senti épanoui comme enfant ? Quel a été ton jeu préféré ?

Quel a été ton conte favori ?

Quelles histoires as-tu aimées ?

Quels ont été tes modèles ?

À quoi as-tu as rêvé dans ton enfance ?

Quels aspects de la vie de ceux qui t'ont fasciné désirais-tu vivre ?

Qu'est-ce qui t'a intéressé (nature, offices religieux, jeux, musique, peinture) ?

Dans toutes ces questions, tente de rechercher ta véritable personnalité et l'image originelle et authentique de Dieu en toi !

Rêves d'existence

AVEC L'ARRIÈRE-PLAN DE TES BLESSURES et de tes rêves, tente de formuler en deux mots ton charisme, ta pente. Ne réfléchis pas trop, mais écris spontanément ce qui te vient à l'esprit !

Voici quelques exemples de ton empreinte vitale : « nouer des relations – susciter la vie – créer de l'espace – offrir une patrie – accepter ses limites – consoler des gens en deuil – remettre debout des gens prostrés – donner forme à la beauté – savourer la vie ».

Ouvre ton cœur

PARLER CORRECTEMENT, cela signifie ouvrir son cœur, en s'adressant aux autres, leur accorder un accès pour entrer dans leur propre cœur, parler de telle sorte que la relation se noue et que la confiance se crée. L'allemand *sprechen* est en étroite relation avec des mots comme « éclater, rompre ». La conversation brise en deux la carapace qui entoure notre cœur. Elle vient de nous.

Nous faisons participer l'autre à nos émotions, à notre voix, à notre état harmonieux. Nous serons en harmonie, quand notre parole sera en conformité avec notre cœur et que nous prêterons notre voix à nos sentiments.

Le ciel et la terre sont un

TANDIS QUE NOUS SOMMES tout à l'instant, passé et futur s'unifient. En faisant silence, je peux m'efforcer d'être totalement à l'instant présent. Il émerge alors l'impression que le temps et l'éternité sont unis l'un à l'autre. Tel est le mystère du temps : l'éternité pénètre dans notre temps et, dans l'instant, l'écoulement du temps est suspendu et il semble s'arrêter. Alors nous avons le pressentiment que le ciel et la terre sont un, l'éternité et le temps, Dieu et l'homme.

Angelus Silesius a exprimé cette expérience de façon inoubliable :

> Le Temps est comme l'éternité et l'éternité comme le temps.
> Si tu ne fais pas toi-même une distinction entre eux.
> Moi, je suis l'éternité et quand j'abandonne le temps
> Et me saisis en Dieu et Dieu en moi.

LÂCHER PRISE

Le chemin royal du bonheur : s'oublier et devenir libre

Quel est le meilleur chemin vers le bonheur ?

« DEPUIS QUE J'AI CESSÉ de me rechercher, je mène la vie la plus heureuse possible » (Ivan Sergueïevitch Tourgueniev).

Plus quelqu'un recherche son propre bonheur, moins il le découvre. Le poète russe Tourgueniev en a fait l'expérience : il a mené une vie heureuse à partir du moment où il a mis un terme à sa quête. Bien des gens peuvent penser en conséquence que le chemin vers le bonheur est la fin de la recherche de soi et leur libération. Mais bien vite, ils succombent au piège le plus périlleux que nous puissions rencontrer sur le chemin du bonheur. Tous autant que nous sommes, nous recherchons le bonheur et nous faisons le choix de la méthode qui nous en fait la promesse. Il s'agit de renoncer à nous-mêmes. Mais nous oublions de noter à quel point notre oblation compte d'ambition et de quelle façon notre *ego* tourne autour de lui inlassablement, là où cet *ego* voudrait atteindre son renoncement. Nous pensions que nous pourrions y parvenir. Or, le chemin qui y conduit prend une autre direction.

C'est seulement en prenant du champ vis-à-vis de ce qui me touche que je puis m'en approcher. Si je m'arrête, cherchant à renoncer à moi, une vaine agitation se fait autour de moi. C'est la danse de l'oblation de soi. Mais l'*ego* reste collé à mes mouvements et je ne parviens pas à m'en départir.

Mais quand je m'approche de l'oiseau, qui, avec timidité, vient de se poser à terre, il me fascine ; alors à ce moment, j'en oublie mon *ego*. Et, une fois que je m'oublie, je suis tout à fait présent à l'instant présent : je suis heureux. Je peux prendre en toute lucidité la décision de m'oublier. L'oubli de soi se réalise, en me vouant à quelque chose ou à quelqu'un. Si je m'en remets à Dieu et si je m'oublie en Lui, alors, d'un coup, je ne ressens plus mon *ego.* Voilà qu'à présent, je suis heureux, parce que j'ai oublié de chercher à être heureux. J'y ai consenti inconditionnellement. Je suis affranchi de mon *ego* qui me défigure le bonheur. Être à même de s'oublier, telle est la grâce des grâces. C'est le chemin royal qui conduit au bonheur.

Les trois souhaits

IL EXISTE D'INNOMBRABLES contes où l'homme est invité à exprimer ses désirs. La plupart du temps, il a le choix entre trois d'entre eux. Et il n'est pas facile pour l'homme de choisir ce qui peut l'aider. Fréquemment, au début, il y a tant de désirs qu'il ne sait pas bien par où commencer. Ensuite, la situation se complique.

Par exemple, dans un conte, un homme souhaite une amélioration du temps et voudrait que la pluie cesse de tomber. Mais il remarque, dès lors, que plus rien ne pousse. Alors, la pluie ne devrait tomber que la nuit. Sur ces entrefaites, le veilleur de nuit se plaint. Pour finir, l'homme revient à la situation antérieure. Ses trois souhaits sont tombés à plat. Que souhaitons-nous vraiment ? De quoi avons-nous besoin ? À quoi aspirons-nous ? Que voudrions-nous conquérir ?

Mets ton cœur dans un cadeau

BIEN DES FAMILLES SONT D'ACCORD aujourd'hui pour ne plus s'offrir de cadeau, parce que tous les hommes ont tout en abondance. Sûrement que cette décision est pleine de bon sens. Mais il y a une suppression des cadeaux qui ne fait que traduire un manque d'imagination. Or, s'offrir des cadeaux est un signe d'amour et de relation vivante.

En faisant des cadeaux, nous voulons exprimer que nous en sommes nous-mêmes les premiers bénéficiaires. Le mot allemand *schenken* signifie, à l'origine, donner quelque chose à boire à quelqu'un. De nos jours, on dit encore que nous allons verser du vin à quelqu'un. Faire des cadeaux signifie donc que nous versons quelque chose à quelqu'un qui est assoiffé, afin d'étancher sa soif. Qui n'a pas soif n'a rien à recevoir en cadeau. Aujourd'hui, on n'a plus envie de recevoir en cadeau des douceurs ou du vin ou des vêtements ou des ustensiles de cuisine.

Chacun possède bien assez de tout cela. Mais chacun de nous a toujours soif d'amour, d'affection, d'estime. La plupart d'entre nous aspirent à recevoir un cadeau qui soit la traduction de l'amour. Si je mets mon cœur dans un cadeau, il atteint l'autre et, ainsi, il étanche sa soif.

Artisan de mon bonheur

« CHACUN EST L'ARTISAN de son propre bonheur », selon le proverbe. Mais il existe aussi un art de se rendre malheureux. Le psychologue Paul Watzlawick a décrit cet *art* dans un de ses livres célèbres. Certains hommes le pratiquent à la perfection. : tout voir de façon négative ou ne pas cesser de jouer dans un groupe le rôle de l'oiseau de malheur ou du bouc émissaire.

On ne fabrique pas son bonheur. Toutefois, nous en sommes, dans une certaine mesure, responsables. Il dépend de nous d'assumer ou non notre vie. Le bonheur vient à nous, quand nous nous acceptons sans condition, comme nous sommes et avec notre destin. Le bonheur vient d'un mot qui signifie destinée. Qu'elle soit bonne ou non, dépend de notre oui consenti ou refusé à notre vie.

Jean le Veinard

PEUT-ON APPRENDRE À ÊTRE HEUREUX ? Les diverses écoles philosophiques de la Grèce antique étaient persuadées que si l'on pouvait apprendre le bonheur, ce n'était certainement pas à la force du poignet. Selon les stoïciens, le chemin du bonheur passait par la pratique de la vertu et le renoncement aux affects et aux passions. Qui est affranchi de toutes ses passions, parvient à la paix intérieure et au bonheur. Épicure conseillait à ses disciples d'apprendre la sérénité que nous offre la joie d'exister et de s'en satisfaire comme d'un cadeau. Les néoplatoniciens ont vu le chemin du bonheur dans la pratique de la contemplation. Qui s'élève vers Dieu en le contemplant et en s'unissant à Lui, fait l'expérience du vrai bonheur.

Les contes nous présentent diverses voies pour trouver le bonheur. La plupart du temps, le héros doit faire face à de nombreux dangers et à de multiples épreuves, pour ensuite épouser la princesse et pouvoir vivre heureux en sa compagnie. Dans beaucoup de contes, le bonheur se trouve au terme d'un difficile processus.

Il existe un conte dont l'objet tourne directement autour du bonheur : Jean le Veinard. Celui-ci est heureux de recevoir un lingot d'or pour son travail. Puis, il échange l'or contre un cheval ; ensuite contre une vache, contre un porc, contre une oie et enfin, contre une pierre. À chaque fois, il est heureux de recevoir quelque chose qui est nouveau. Mais son existence devient de plus en plus difficile. Lorsque, pour finir, il jette la pierre dans l'eau, il se sent l'homme le plus heureux de la terre. Une fois qu'il a renoncé à tout, il se sent libre et le voilà heureux. Il ne regrette pas ce qu'il a dû abandonner ; au contraire, il savoure l'instant présent. Voilà comment Jean le Veinard apprend le bonheur.

Au début de son apprentissage, il pense que le bonheur pourrait résider dans la richesse, dans la force, dans la jouissance ou encore dans le succès. Peu à peu, il se met à apprendre ceci : plus il renonce, plus il sera heureux. Une fois qu'il ne possède rien d'autre que lui-même, qu'il peut aller son chemin en totale liberté, pouvant savourer la beauté du monde, c'est alors qu'il connaît le véritable bonheur.

Évite d'attacher ton cœur à des objets

« NE RIEN AVOIR, TOUT POSSÉDER », ainsi décrit-on l'attitude des sages de toutes les religions de tous les temps. Seul celui qui n'attache son cœur à rien de créé et qui peut renoncer à ce à quoi les autres tiennent, est véritablement libre.

Ne pas dépasser la mesure

L'HOMME ASPIRE À AVOIR quelque chose ou à tenir un objet dans la main. Plus il tient quelque chose dans sa main, plus il croit qu'il se possède lui-même et qu'il est son propre maître. Finalement, son espoir le pousse à se posséder lui-même.

La possession n'est pas mauvaise. L'être humain a besoin de vêtements, de nourriture, de maisons pour pouvoir vivre. Mais le danger le guette de vouloir désirer sans mesure la possession. L'animal ne désire que ce dont il a besoin. Dans son désir, l'homme peut dépasser la mesure ; dans son excès, il devient dépendant de la possession. Séduit par la fortune qu'il a acquise, il se voit contraint de posséder toujours davantage. Au lieu de jouir des biens qu'il possède, il vise constamment quelque chose de nouveau. Et, sans qu'il s'en rende compte, il se trouve habité par la dépendance de la possession.

Pas de sécurité absolue

LA PROPRIÉTÉ CONFÈRE AUSSI à l'homme la sécurité. Elle l'assure contre l'éventualité des dangers et de toute carence. La sécurité est un besoin fondamental de l'homme. Mais, en même temps, nous vivons une insécurité existentielle. Il nous est impossible de nous procurer une sécurité ultime, ni par la propriété, ni par le savoir, ni par certaines formes de vie. Les assurances gagnent de nos jours une fortune, ou plutôt elles coûtent une fortune à celui qui croit devoir s'assurer contre tout. La pauvreté, c'est aussi le renoncement des sécurités.

Les soucis suscitent l'inquiétude et la fébrilité ; ils troublent le cœur de l'homme. La confiance donne la liberté, la sérénité, à quoi s'ajoute une toute autre forme de sécurité : la certitude d'être dans la main de Dieu.

La vie est un pèlerinage

LE RENONCEMENT À LA SÉCURITÉ appelle aussi celui de l'acquis. Malgré le besoin intense de la patrie, nous devons toujours nous persuader que nous nous sommes mis en route et qu'il nous faut toujours aller de l'avant. L'expérience que nous faisons de la patrie et de la paix, comme elles peuvent nous être données par la famille ou des amis, constituent seulement autant de gîtes où nous faisons une simple halte, avant de poursuivre notre route.

Pour les anciens, la marche était un symbole : nous foulons sans cesse cette terre et sans cesse nous la quittons pour nous transformer en marchant, jusqu'à ce nous puissions obtenir la figure qui réponde à celle que Dieu a conçue pour nous.

Renoncer – et savourer

DANS UN APOPHTEGME, un ancien nous raconte, sous une forme imagée, qu'il nous est possible de jouir seulement en renonçant. Un enfant voit dans un flacon en verre beaucoup de noix. Il étend la main et désire en prendre le plus possible. Mais son point serré ne passe pas par l'évasement du flacon. Il lui faut d'abord commencer par lâcher les noix. Ensuite, il pourra les prendre une à une, avant de les savourer.

Lâcher prise n'est pas un acte ascétique qu'il nous serait pénible d'apprendre. Cela vient plutôt de la nostalgie que nous avons en nous de la liberté intérieure et du pressentiment que notre vie ne sera vraiment féconde que si nous sommes indépendants et libres. Si nous ne sommes plus dépendants de la pensée et des attentes des autres, ainsi que de leur reconnaissance et de leur affection, alors nous parviendrons sans encombre à notre personnalité véritable.

Jésus ne renonce pas à manger et à boire. Oui, on l'a même traité de glouton et d'ivrogne. Le but de la vie est de savourer. Selon les mystiques, la vie éternelle réside dans la jouissance permanente de Dieu : *Fruideo*, jouir de Dieu. Mais, il nous sera impossible de pouvoir jouir de Dieu, si, ici-bas, nous n'avons pas pratiqué cette jouissance des dons offerts par Lui.

Le bonheur et le verre

« LE BONHEUR ET LE VERRE – comme c'est fragile ! » dit le proverbe. On ne peut retenir le bonheur. On ne peut que le recevoir dans des mains délicates, l'effleurer et le toucher. Si je tiens en permanence le bonheur comme un verre, je suis incapable d'agir. Je pourrai transmettre le bonheur en le lâchant, pour le poser à mes côtés, et pouvoir faire ce que j'ai à faire et ce dont j'ai envie. Et si je le veux de nouveau, je saisirai le bonheur dans la main comme un verre précieux et je pourrai l'admirer. Celui qui veut toujours le retenir, à coup sûr le détruit.

Joie authentique de la vie

Qui veut vraiment jouir de la vie, doit aussi savoir renoncer. Cela exige l'ascèse, pour s'entraîner à la liberté intérieure. Seul celui qui a le sentiment qu'il prend lui-même sa vie en main et la modèle, en éprouve de la joie.

Si quelqu'un est totalement dépendant de ses besoins et qu'il est contraint de les satisfaire aussitôt, jamais il ne se réjouira de la vie. Il aura plutôt le pénible sentiment de subir la vie de l'extérieur, au lieu de vivre par lui-même.

Suis ton chemin

LE CHEMIN LE PLUS LARGE EST CELUI que tous suivent. Toi, tu dois trouver ton chemin tout à fait personnel. Il ne suffit pas de te régler sur les autres. Tu dois prêter l'oreille avec attention, pour connaître quel est ton chemin.

Alors, tu dois te décider avec courage d'aller ton chemin, même si tu t'y sens bien isolé. Seul ton chemin absolument personnel te fera grandir et te conduira à la vie véritable.

Découvre ta mission

NOUS DEVONS DÉCOUVRIR LA TÂCHE qui nous est imposée. Il s'agit de connaître notre mission. Nous ne devons pas être rivés sur le devenir de notre santé, mais nous devons connaître quelle tâche nous avons à remplir dans ce monde. À cette condition, nous découvrirons le sens de notre vie.

Cela correspond à ce que, dans une expression nouvelle, on appelle la logothérapie. Viktor E. Frankl, le fondateur de cette science nouvelle, a maintes fois souligné le fait que, de nos jours, bien des hommes sont malades, parce qu'ils ne voient pas le sens de leur vie et qu'ils ne recherchent pas un sens qui les dépasse. Le sens donné à notre vie nous assure une bonne santé.

Regarder devant soi

JÉSUS EN EST PERSUADÉ : tout homme dispose d'une volonté : encore faut-il qu'il en fasse usage. Il doit vouloir grandir, avancer sur son chemin et travailler sur soi avec patience et obstination. Même la thérapie spirituelle de Jésus s'adresse explicitement à la volonté individuelle. Jésus suscite l'énergie qui se trouve en chacun de nous. Il ne laisse pas le malade passif, mais il l'incite à se lever et à avoir le courage de reprendre sa vie propre. Il ne regarde pas en arrière, mais devant.

Nous ne devons pas sauter par-dessus notre passé. Mais nous devons nous libérer de la pression qui nous obligerait à reconnaître et à élaborer tous les mystères de l'histoire de notre vie. Ce qui est décisif, c'est de nous engager pour la vie, au lieu de revenir inlassablement sur nos blessures du passé.

N'oublie pas tes propres besoins

La mère s'identifie trop souvent à son rôle de mère, au point qu'elle en oublie ses propres besoins, ainsi que les divers aspects de sa vie de femme. C'est seulement quand la mère s'autorise à vivre en fonction de tous ses propres besoins qu'elle est apte à nourrir sa fille, c'est-à-dire en mesure de lui donner ce dont celle-ci a besoin.

La mère qui connaît ses propres désirs, sait prendre du champ, quand cela lui est nécessaire. Elle peut les traiter en toute liberté. Elle peut les vivre, tout comme elle peut y renoncer. Une telle liberté intérieure la préserve de confondre ses besoins personnels et ceux de sa fille ou de son fils.

La force en laquelle j'ai confiance

JE SUIS RESPONSABLE DE MA VIE. Il ne s'agit pas de se contenter de constater avec résignation que je n'entendrai plus jamais aucune parole d'amour de la part de ma mère. Au contraire, il s'agit que je puisse repérer quelles sont mes aspirations les plus profondes. Je puis être moi-même une mère envers moi. Mais au-delà, j'aspire à une énergie en laquelle je puisse me fier.

Pour moi, c'est l'espace maternel de Dieu où je suis sous sa protection. Dieu ne doit pas être pris pour quelqu'un qui voudrait me faire indéfiniment patienter. Bien au contraire, le regard que je porte vers Dieu et son amour sans condition m'affranchit de la fixation que je fais sur l'amour humain dont j'ai une trop faible expérience.

Les voies qui me conduisent vers mon propre père

LE FILS A BESOIN DE S'IDENTIFIER à son père, pour développer sa propre virilité. Il pourrait se demander par exemple : En quoi mon père m'a-t-il fasciné ? De quoi a-t-il lui-même vécu ? De quelle façon a-t-il réglé le problème de ses blessures et de ses déceptions ? Quelles sont ses aptitudes ? Comment a-t-il maîtrisé sa vie ? Il serait bon que le fils puisse remercier son père de ce qu'il lui a donné sur sa route.

C'est seulement ainsi que le fils trouvera sa propre identité. Il entrera en contact avec la source de l'énergie paternelle qui pétille en lui. Et il aura le plaisir de vivre sa virilité et sa propre paternité. Il découvrira sa fécondité et sa créativité ; il sera à même d'inscrire sa trace personnelle dans ce monde, une empreinte de vitalité et de force, de liberté et d'amour.

Le chemin intérieur

IL N'EXISTE PAS DE CHEMIN CONDUISANT à la paix qui serait seulement extérieur. Toute voie qui entend mener réellement à la paix passe par l'expérience de ma vérité propre et par celle de Dieu.

C'est un bon exercice que de méditer tout au long d'une journée en se limitant à la phrase : « Je suis moi-même. » Si je répète cette phrase, je suis quitte de risquer de me plaindre personnellement, en rendant les autres responsables de ma situation. Un chemin qui me fasse connaître ma propre personnalité – nous y avons déjà fait allusion plus haut – c'est de m'interroger sur les rêves de mon enfance. Quelle profession ai-je toujours voulu choisir ? Quel a été mon jeu préféré ? Comment ai-je joué ? En jouant, qu'est-ce que j'ai exprimé sur mon moi véritable ? Où ai-je été en accord avec moi ? Où donc ai-je été pleinement moi-même ?

Une saveur nouvelle de vivre

CELUI QUI REGARDE SA VIE avec reconnaissance, sera en accord avec ce qui lui est arrivé. Il cesse de se révolter contre lui-même et son destin. Il reconnaîtra que, chaque jour, un ange est entré dans sa vie pour le protéger du malheur, en lui transmettant sa présence, en l'aimant et en le guérissant.

Tente de marcher en compagnie de l'ange de la gratitude tout au cours du mois qui vient. Tu le verras, tu connaîtras toute chose sous une lumière différente et ta vie en gagnera une nouvelle saveur.

Rester réaliste

TU DOIS COMMENCER par viser à des objectifs réalistes, au lieu de poursuivre n'importe quelle illusion. Il faut que tu voies ce que tu peux vraiment changer dans ta vie et quel est simplement l'aspect de ton caractère avec lequel tu dois te réconcilier. Mais à une condition : si tu te décides à vouloir changer quelque chose en toi, il faudra t'y tenir. Si tu n'y parviens pas, il faudra te demander si tu as mal commencé ou si tu as présumé de tes forces.

Recommence et fixe-toi des objectifs plus modestes. Mais tu t'y tiendras. Alors, tu le verras, ta persévérance sera récompensée.

Aie confiance en l'enfant qui est en toi

TROP SOUVENT, NOUS RÉFLÉCHISSONS à ce que les autres pourraient penser de nous, à quelle impression nous faisons sur autrui, quand nous nous comportions de telle ou telle manière. L'exubérance nous affranchit de toutes les réflexions sur ce que les autres réclament de nous. Négligeons-les et faisons confiance à la vie qui est en nous. Abandonnons le rôle que nous jouons habituellement. Tombons les masques qui, assez fréquemment, défigurent notre vitalité intérieure.

L'exubérance implique une vitalité pétulante. C'est plus fort que nous. Parfois, tout afflue en nous. Nos paroles fusent spontanément. Nous pouvons faire rire toute une société. Nous avons alors des idées farfelues. La plupart du temps, une telle exubérance fait jaillir l'étincelle chez les autres et il en résulte une grande liberté. Subitement, les autres se sentent libres à leur tour de faire confiance à l'enfant qui est en eux, qui voudrait jouer, sans s'interroger sur le but et le motif. L'enfant est spontané ; il vit librement, sans se préoccuper des attentes de son entourage. Telle est notre aspiration à nous, adultes : nous voulons tout simplement vivre, sans nous compliquer l'existence, en nous interrogeant sur les multiples réflexions qui, en permanence, soupèsent le pour et le contre, sur ce que nous devrions ou pourrions faire et sur ce que les autres réclament de nous.

Enfants soleil

QUAND UN HOMME ENJOUÉ vient à nous, nous disons : « Voilà le soleil qui se lève ! » Il y a des enfants soleil qui, partout, répandent la gaieté et la vitalité. Je te souhaite d'être pour les autres un soleil.

Peut-être as-tu déjà remarqué que l'on dit de toi : « Aujourd'hui, tu rayonnes comme le soleil. » Quant tu pénètres quelque part, le lieu en devient plus lumineux et plus chaleureux. Le soleil est parmi nous avec sa gaieté et son énergie rayonnante. Alors, nous allons mieux.

MALHEUR OU BONHEUR

Il dépend de nous
que les crises deviennent
une chance

Ombre et lumière

« QUOI QU'IL NOUS ARRIVE, il dépend de nous d'y voir le bonheur ou le malheur. » Cette affirmation, pleine de sagesse, est due à Anthony de Mello. Il a raison : le bonheur est un état intérieur qui dépend de la façon dont on le répand autour de soi. Par ailleurs, ce que nous vivons dépend aussi de la lecture que nous faisons des événements. Bien sûr, il existe des expériences qui ébranlent l'état de paix intérieure, quand, par exemple, disparaît un être qui nous était cher. Je ne peux interpréter autrement la mort d'un ami que j'ai aimé et y voir du bonheur. Mais, en définitive, c'est de moi que dépend la manière dont je me comporterai face à cette mort. Je peux y voir un défi à relever, m'invitant à grandir et à découvrir mes sources les plus personnelles. Et il m'est possible de trouver en moi, à travers le deuil et la douleur de l'adieu, quelque chose de nouveau, afin de parvenir à un état que je puis décrire sous une forme de bonheur.

Quand je suis parvenu, après le long processus du travail de deuil, à une évaluation de cette mort, je puis vérifier la vérité de ce que dit La Rochefoucauld : « Notre bonheur n'est pas dans les objets, mais dans l'appréciation qu'on en fait. » J'éviterai d'appliquer cette affirmation comme procédé systématique pour estimer que tout ce qui m'arrive est positif. Cette « force de la pensée positive » peut devenir tyrannique et contraignante. Ombre et lumière, joie et douleur font partie de la vie. C'est seulement quand j'assume ces oppositions et que je m'en fais une raison, que je puis arriver à une appréciation de mon existence, qui ne suffit pas encore à me rendre heureux, mais qui crée un préalable au bonheur futur.

Blocages provoqués par la peur

LA PEUR CONTIENT, elle aussi, un sens et me communique un message. Sans elle, je ne disposerais d'aucun repère et je serais en permanence débordé. Mais souvent, la peur peut me paralyser. Si c'est la peur qui me fait parler, elle peut induire en moi une fausse conception de la vie. Souvent, elle provient d'un idéal de perfection. J'ai peur de me rendre ridicule ou de commettre une faute. Je n'ose pas intervenir dans un groupe, de peur de bégayer ou par crainte que les autres n'apprécient pas. J'ai peur de faire la lecture en public, par crainte de ne pas pouvoir aller jusqu'au bout. En pareil cas, c'est la peur qui me pousse à des frayeurs excessives.

Finalement c'est l'orgueil qui provoque la peur. En parlant avec ma peur, je pourrais parvenir à l'humilité, *humilitas*. Je pourrais prendre mon parti de mes limites, de mes faiblesses et de mes défauts. « Je ne dois pas me faire de reproches. Je ne suis pas tenu de tout savoir. »

Mais il existe des peurs qui ne traduisent pas une fausse attitude face à la vie, car elles sont inévitablement liées à notre humanité. C'est la peur de la solitude, la peur de manquer, la peur de mourir. En tout être humain, subsiste une certaine peur de la mort. Chez un certain nombre de gens, sa menace est pourtant très élevée. Il serait très important de parler avec la peur : « De toute façon, je mourrai ! » La peur peut m'aider à me réconcilier avec la mort, en assumant le fait que je suis mortel. Si je rejoins ma peur en sa profondeur et que je l'accepte, je peux ressentir, au cœur de mon angoisse, une paix profonde. La peur se transforme en sérénité, en liberté et je suis pacifié.

Traverser la peur

Carl Gustav Jung pense qu'en nous, il y a deux pôles : la peur et la confiance, l'amour et l'agressivité, la tristesse et la joie, la force et la faiblesse. Fréquemment, nous faisons une fixation sur l'un des pôles, par exemple sur la peur. Alors, elle se traduit dans nos sentiments : « Cela m'est impossible. J'ai peur. Qu'est-ce que les autres vont penser de moi. Je vais me rendre ridicule ! »

Je peux questionner ma peur sur son message. Au cœur de cette peur, il m'est possible de reprendre le psaume 119 : « Le Seigneur est avec moi. Je ne crains rien. Qu'est-ce que peuvent me faire les hommes ? » Ce verset du psaume n'éliminera pas forcément la peur, mais il pourra susciter en moi la confiance qui se trouve aussi, secrètement, en moi. La parole de l'Écriture me met en contact avec la confiance intérieure. Elle devient consciente et elle me fait grandir. Voilà qui relativise ma peur.

Cette méthode antirrhétique[1] peut donc me conduire à l'équilibre. Elle empêche que persistent en moi des pensées négatives et qu'elles me dominent.

Une autre méthode pour traiter de mes pensées est de s'en entretenir avec quelqu'un d'autre. Aujourd'hui, les antichambres des psychologues sont combles parce que l'on n'ose pas parler de soi ouvertement avec des amis, surtout de nos sentiments négatifs, nos passions, nos faiblesses et notre culpabilité. Ainsi, beaucoup demeurent seuls avec leurs pensées. Mais, quand on les réprime, celles-ci se mettent à bouillir sous le couvercle, jusqu'il se soulève. En échangeant sur nos pensées, comme le disent les moines, on leur ôte le caractère dangereux et dévastateur.

1. Cette méthode « antirrhétique » [qui réfute, qui contredit] a été mise au point par Évagre le Pontique (IVe siècle), moine souvent cité par l'auteur : elle consiste à citer des textes scripturaires, classés selon les vices à combattre, en vue de chasser les démons.

Dans les profondeurs de l'âme

La poétesse Marie von Ebner-Eschenbach a écrit : « C'est dans le malheur que, la plupart du temps, nous retrouvons la paix qui nous a été ravie par crainte du malheur. » En fait, beaucoup sont incapables de jouir du bonheur, parce qu'ils ont peur qu'il puisse ne pas durer longtemps. La légende de Polycrate est célèbre. Il ne pouvait pas se réjouir de sa merveilleuse bague, car il craignait toujours de la perdre. Celui qui, au cœur du bonheur, est affecté par la peur du malheur est incapable d'être vraiment heureux.

C'est seulement quand l'objet le plus fréquent de notre peur se vérifie, que nos illusions s'évanouissent et que nous touchons au point zéro de notre vie, d'où nous avons cherché à tout prix à nous éloigner. Or, c'est à ce point zéro, dans le tréfonds de notre âme, que nous trouvons le repos. Et à partir de là, nous avons la capacité de connaître la paix et, en elle, un soupçon de bonheur.

Blessures paternelles blessures maternelles

Un arbre ne peut pousser et sa couronne s'épanouir que s'il possède de profondes racines. Ce sont les parents qui représentent les racines. Même si notre père et notre mère nous ont blessés, ils forment pourtant les racines qui nous nourrissent. Aussi, est-il peu sensé de la part du fils de se couper des racines de sa mère. Il en serait déraciné et son arbre se dessécherait.

Mais l'arbre du fils ne doit pas pousser au même rythme que celui de la mère. La fusion avec la mère ôterait à l'arbre l'espace dont il a besoin pour se déployer. Seul est adulte celui qui a pu prendre ses distances vis-à-vis de sa mère, sans se sentir tenu sous sa tutelle ; il peut entretenir des relations avec sa mère, sans constamment s'aligner sur elle.

Qui manquerait de motif de pleurer ?

FRIEDRICH NIETZSCHE A ÉCRIT : « Quel enfant n'aurait pas de raisons de pleurer sur ses parents ? » Nous tous – y compris ceux qui ont à leur tour des enfants – nous sommes des fils et des filles. Nous portons avec nous notre histoire de famille et représentons une part de l'histoire de l'humanité. L'histoire qui nous relie dès le début à nos parents est toujours une histoire à deux dimensions : une positive et une douloureuse. Que nous trouvions notre propre sillage ou que nous nous laissions dominer par l'histoire de notre vie, dépend de la guérison ou non de nos blessures familiales. Seul celui qui s'est réconcilié avec ce qu'il est devenu, est à même de découvrir quelles sont les virtualités qui sont en lui. Il cessera de rendre ses parents responsables du fait que sa vie ne s'est pas déroulée comme il se l'était imaginée.

Mais, dans toutes les blessures que nous avons subies, nous pouvons voir une chance de trouver la nature intérieure de notre propre personne. Le plus profond mystère de notre véritable personnalité peut se révéler, quand nous percevons de façon consciente de quelle nature était notre relation avec les parents : ce qui était salutaire, ce qui était douloureux et ce qui rendait malade. Celui qui a le courage de regarder ses propres blessures, trouve à travers elles les racines positives qu'il tient de ses parents. Car les parents ne se sont pas contentés de nous faire subir des blessures, mais ils nous ont aussi beaucoup donné. Nous participons de leur histoire, de leurs talents et de leurs aptitudes. Celui qui, tout au long de sa vie, garde des reproches à l'encontre de son père et de sa mère, se coupe des racines positives de ses parents. Sa vie sera alors dans une grande incertitude.

Transformer les blessures

PAR NOS BLESSURES, nous avons accès au cœur même de notre être. Malgré toutes les blessures, nous avons accès à ce centre qui, en nous, est inaltérable et sain. Si nous le découvrons, nous cessons d'accuser nos parents. Nous ne nous arrêtons pas à ces blessures, mais voyons à travers elles notre nature véritable, notre personnalité originelle.

Nous parvenons à ce cœur authentique quand nous examinons nos rêves d'enfant et que nous analysons ce que nous souhaitions exercer comme métiers quand nous étions petits. Quelle empreinte vitale y a-t-il dans le souhait d'un enfant à devenir maçon ou boulanger ? En souhaitant devenir maçon, on pressentait le désir de construire pour les autres, par exemple une maison. Dans l'image du boulanger, se faisait jour l'idée de rendre la vie plus agréable pour autrui.

Un autre chemin, pour découvrir notre empreinte vitale propre, serait de nous remémorer les jeux auxquels nous avons souvent joué durant l'enfance. Par exemple, une femme, quand elle était petite fille, a joué avec des poupées qu'elle revêtait de beaux habits et dont elle s'occupait d'une façon toute particulière. Dans ce jeu d'enfant, se manifestait son empreinte vitale, son désir de s'occuper des autres, de les choyer et de les gâter.

On peut encore retrouver notre projet de vie en observant avec plus de précision les contes préférés que nous aimions tant écouter ou en pensant aux histoires que nous avons lues avec enthousiasme. Ainsi, une jeune fille était fascinée par les personnes rejetées. Son projet de vie, son chemin, qui l'a conduit à sa nature originelle, s'est transformé : c'est devenu la prise en charge des marginaux.

Ne rien refouler

LE REFOULEMENT NE NOUS EST D'AUCUNE utilité. Celui qui ne prête pas attention à ses blessures, sera dominé par elles. Il croit qu'il vit sa vie propre ; en réalité, il ne fait que répéter les blessures de son enfance. Il est dominé par ses blessures. Mais il ne suffit pas de regarder nos blessures, encore faut-il porter notre attention sur nos ressources positives, les sources où s'abreuvait notre âme depuis notre enfance ainsi que les rêves où s'exprimait la forme de notre être véritable. En nous mettant au contact avec notre être, tel que Dieu l'a conçu, nous nous épanouirons et une énergie nouvelle s'écoulera en nous : nous sentirons que la vie vaut la peine d'être vécue et nous prendrons plaisir à vivre cette existence unique.

Un critère qui nous permet de savoir si nous avons trouvé notre projet de vie est notre flux vital et son rayonnement. Quand, par exemple, mon projet de vie est la prise en charge d'autrui, j'ai plaisir à l'assurer et cela m'est bénéfique. Mais si j'aide les autres afin d'éviter de ressentir la blessure que m'a fait subir ma mère, peut-être même pour endormir la douleur d'avoir été frustré affectivement, je ne tarderai pas à être dépassé, exténué et épuisé.

Empreintes de la vie

Les parents ne nous ont pas toujours donné ce dont nous aurions eu besoin. Même si tel est le cas, nous devons cesser de le leur reprocher. Il nous faut bien plutôt les remercier de nous avoir vraiment gratifiés. Il nous est loisible de bénéficier encore de leurs dons. Ils forment les racines dont nous vivons aujourd'hui. Sans ces racines, notre arbre de vie se dessécherait.

Pour que nous assumions ce que nos parents nous ont donné et pour le faire fructifier dans notre vie, il est important de les comprendre dans le cadre de leurs limites et de leur propre histoire. En les comprenant, nous évitons de les condamner. Nous les situons dans la complexité des histoires familiales. Nous devons leur reconnaître ce qu'ils nous ont transmis et les blessures qu'ils nous ont fait subir, sans le leur reprocher tout au cours de la vie.

Qui n'en finit pas de rendre ses parents responsables de son destin et refuse d'assumer sa propre responsabilité dans la vie, jamais il ne parviendra à la stature intérieure et extérieure ; il ne découvrira pas l'empreinte qui le conduit à la vie.

Découvrir la perle

UN JOUR OU L'AUTRE, nous devons assumer la responsabilité de notre vie. Ceci implique qu'il nous faut nous réconcilier avec les blessures subies durant notre enfance. Elles doivent ensuite devenir une source pour notre vie. Elles se transforment en perles comme le dit Hildegarde de Bingen. En examinant nos blessures, nous pouvons mieux nous comprendre. Il ne faut pas que nous nous condamnations nous-mêmes parce que nous sommes tellement sensibles, aussi prompts à nous vexer, aussi anxieux vis-à-vis de l'autorité. Seule la compréhension nous libère de notre condamnation.

Mais il ne faut pas en rester là. Cela dépend si, dans mes blessures, je découvre mes dispositions, c'est-à-dire la perle qui donne du prix à ma vie. C'est dans la blessure que se trouve ma chance. Si, par exemple, j'ai reçu trop peu de tendresse, je serai sensible à l'égard de tous ceux qui souffrent d'un déficit d'amour. Et puisque mon besoin d'amour et de présence n'a pas été satisfait, je me mets en route pour entreprendre un chemin spirituel. Je ne vais pas me contenter de m'adapter. Je demeure vigilant dans mon désir de Dieu. C'est dans mes meurtrissures que je découvre justement mon empreinte vitale. Mes blessures se changent en chance, pour connaître mon charisme propre et pour le vivre. De cette manière, ma blessure se transforme en source de bénédiction pour moi et les autres.

À l'école de nos limites

Une mère offre à son enfant protection et confiance. Elle est la toute première personne à nouer une relation avec son petit enfant ; c'est elle qui apprend à son nouveau-né qu'il faut avoir confiance, que l'on peut se fier à la bonté foncière du monde et à celle des humains. C'est à la mère qu'il revient de persuader son enfant qu'il peut être ce qu'il est, qu'il peut avoir des besoins que l'on doit satisfaire. Elle lui témoigne de sa présence et de son amour, en lui donnant le sentiment qu'il est le bienvenu, qu'il est accepté sans condition et qu'il est aimé.

L'enfant a besoin de cette expérience initiale comme fondement solide, sur lequel il pourra s'appuyer pour se développer. Sans doute, aucune mère ne sera en mesure de répondre parfaitement à cette tâche en toutes circonstances. D'ailleurs, ce ne serait pas bien pour le bonheur de l'enfant qu'il y ait des mères parfaites. En effet, il peut, non seulement, tirer parti de l'amour sans bornes de sa mère, mais encore de ses propres limites.

La solitude, une bénédiction

BIEN DES GENS ONT PEUR de la solitude. Ils se sentent mal à l'aise quand ils se trouvent seuls. Il leur faut en permanence d'autres personnes dans leur entourage pour se sentir vraiment vivre, oubliant que la solitude peut aussi être une bénédiction.

C'est quand je suis seul que je réalise ce qu'effectivement, être humain veut dire : participer à tout, à l'universalité de la création, bref, à tout ce qui existe. Quand l'ange de la solitude te fait expérimenter ton humanité de manière fondamentale, toute peur de la solitude et d'abandon disparaît. Ce que tu ressens, c'est que là où tu es seul, tu es en union avec la Totalité. Alors, ta solitude n'est pas un isolement, mais une sorte de patrie, une intimité. Il est seulement possible d'être chez soi, là où demeure le mystère.

En nous se trouve un espace

« Il est impossible de faire des esclaves des *éveillés*, car ils sont aussi heureux dans l'esclavage qu'en liberté » (Anthony de Mello).

Qui a entrevu la lumière intérieure et qui est devenu un avec Dieu, est vraiment heureux. Aucune prison extérieure ne peut l'en séparer. Le vrai chemin qui mène au bonheur est la voie intérieure ou, comme le dit Platon, la voie de contemplation.

En nous, il y a un lieu où Dieu demeure. Et là où, en nous, Dieu demeure, nous sommes dans l'état de liberté et de salut. Nous y sommes heureux et nous sommes dans la lumière. Les ténèbres de l'esclavage ne peuvent nous plonger dans le malheur, car cet espace intérieur est inaccessible au monde et à son pouvoir. C'est le lieu du royaume de Dieu et sur Lui, nul n'a de pouvoir. Dieu est, en définitive, notre vrai bonheur, un bonheur que nul ne peut nous ravir, mais ce bonheur, il nous est impossible de le posséder. On ne s'approprie pas Dieu. Celui qui demeure en nous est également un Dieu qui nous échappe. Il est intérieur et on n'a pas barre sur Lui.

Nouvelle naissance

NOUS DEVONS, DURANT NOTRE EXISTENCE, sans cesse renaître, si nous voulons rester vivants. Une crise qui provoque la destruction totale de tout ce que nous avions construit jusque-là, c'est peut être une chance de régénération.

Le feu dans lequel nous sommes tombés, c'est peut-être un symbole de la nouveauté qui va s'opérer en nous.

Une crise salutaire

IL Y A DES LARMES QUI LIBÈRENT, mais il y a aussi des larmes qui ne font que troubler notre regard, parce que notre propre douleur nous renferme sur nous.

Les larmes du deuil sont salutaires. Celles de l'apitoiement sur soi nous font sombrer dans notre douleur individuelle. Elles ne règlent rien, elles nous submergent.

Dans notre propre cœur

« IL Y A SEULEMENT DEUX ÉPREUVES qui peuvent nous affecter très fortement dans la vie. Ne pas recevoir ce que l'on désire très vivement. Et recevoir ce qu'on désire » (Anthony de Mello).

Certains pensent que la satisfaction de notre désir pourrait nous rendre heureux. Mais dès qu'un désir a été satisfait, d'autres se manifestent. Et la satisfaction nous laisse souvent un arrière-goût amer. Nous avons tant désiré réussir notre 'baccalauréat' qu'après l'avoir réussi avec mention nous sommes heureux. Mais, deux semaines plus tard, nous comprenons que cela ne suffit pas pour la suite de la vie. La tension qui nous a animés au cours de la préparation à l'examen, diminue. Et, au lieu d'être heureux, nous sommes plutôt déprimés.

D'autres pensent que s'ils ne sont pas heureux, c'est que la vie ne comble pas leurs désirs. Ils font une telle fixation sur la non satisfaction de leurs désirs qu'ils font dépendre leur bonheur de cette quête, au point qu'ils se rendent aveugles et qu'ils ne voient pas le vrai bonheur. Ils se l'imaginent sous la forme d'un cadeau concret : mais, à lui seul, ce n'est pas le bonheur.

Ce qui est décisif, c'est la façon dont je le reçois. Mais certains estiment plus simple d'invectiver Dieu ou la vie, les jugeant responsables de leur propre malheur, au lieu de se mettre laborieusement à la recherche du bonheur, là où il est uniquement possible de le trouver : dans son propre cœur.

Qui ne change pas, dépérit

TOUT RENOUVEAU COMMENCE par nous effrayer. Car il faut rompre avec ce qui est ancien et familier. Et, pendant ce temps de rupture, j'ignore ce qui va m'advenir. L'inconnu crée en moi un sentiment d'angoisse. Mais, en même temps, le renouveau comporte une promesse d'inédit, d'insolite et d'inouï.

Qui ne se transforme pas, dépérit. Ce qui ne change pas vieillit et s'asphyxie. En nous, il existe de nouvelles possibilités de vivre qui ne demandent qu'à se manifester.

Mets-toi en route

SOUVENT, NOUS SOMMES MÉCONTENTS de la vie que nous menons. Mais, en même temps, nous avons peur du renouveau, de la rupture avec ce qui nous est familier : nous n'avons pas l'audace d'un bouleversement intérieur et extérieur.

Mais nous ne ferons l'expérience de la vie que si nous sommes disposés à toujours nous remettre en route.

LE BONHEUR SE PROPAGE

Répands et accueille l'amour

Le bonheur se propage

« METTONS-NOUS à l'école de la joie, et nous oublierons de faire du tort à autrui » (Friedrich Nietzsche).

Bien des gens se donnent de la peine, pour aimer leur prochain. La première démarche de l'amour du prochain – selon eux – consisterait à ne pas faire de mal aux autres. Mais plus ils voudraient s'empêcher de les blesser, plus ils se blessent eux-mêmes. Et, inconsciemment, cette meurtrissure qu'ils s'infligent, les conduit à ne pas faire non plus du bien aux autres ; l'agressivité intérieure passe par leur amitié de façade et ils tirent sur leurs semblables des flèches acérées.

Le meilleur chemin qui nous évite de blesser les autres, c'est de nous réjouir d'être heureux dans toute notre vie. Si nous sommes en harmonie avec nous-mêmes, nous n'aurons plus besoin de nous contraindre à éviter de blesser autrui. Car la bienveillance que nous éprouvons envers nous, nous en témoignerons envers les autres.

La joie qui nous habite, réconfortera notre entourage. Celui qui est heureux n'a plus besoin de blesser autrui. Celui qui est blessé meurtrit son entourage, dans le but de cesser de ressentir sa propre blessure. Celui qui est heureux manifestera son bonheur en communiquant un peu de joie autour de lui. La joie se propage. Le bonheur se répand. C'est la meilleure protection contre tout comportement blessant et agressif, contre lequel souvent nous luttons en vain avec tant d'énergie.

La reconnaissance crée des liens

QUAND NOUS DISONS merci à quelqu'un, nous l'acceptons pleinement. Il n'est pas forcé de changer. Il est comme il est, c'est-à-dire qu'il a du prix.

Souvent, les personnes apprécient que nous les remercions. Car notre remerciement comporte une approbation qui leur permet de se sentir acceptées sans préjugés.

Consolation véritable

Je ne puis consoler l'autre de façon impersonnelle, en reprenant des paroles édifiantes que j'ai lues par ailleurs.

Je dois entrer chez lui et demeurer dans sa maison, là où règnent la nuit, le déchirement et la douleur. Si tu peux entrer dans la maison du deuil, l'endeuillé te prendra pour l'ange de la consolation. Et il reconnaîtra alors qu'en toi, c'est l'ange divin qui vient le visiter « comme l'astre d'en haut » (Lc, 1 78).

Cœur à cœur

CONSOLER PASSE AVANT TOUT par le discours, l'échange de paroles qui redonnent du sens à l'absurde dans lequel nous plonge d'abord toute disparition. Mais ces paroles ne doivent pas être un simple appel à la résignation. Car pareille démarche laisse les gens indifférents et ne les touche pas.

Je dois communiquer un message dont je suis convaincu. J'évite d'utiliser des paroles qui ne lui apportent aucun soutien et ne créent aucun sens. Réconforter implique que je m'adresse à l'autre, en lui disant des paroles qui le touchent, qui ont une valeur toute personnelle et qui pénètrent en son cœur. Consoler demande que l'on trouve des paroles qui permettent de parler cœur à cœur, qui viennent du cœur ; en évitant de reprendre des formules creuses et banales ; il faut prononcer des paroles qui touchent le cœur d'autrui, lui ouvrant un horizon nouveau et lui permettant d'envisager une assise solide.

Les limites de la compassion

SI TU VEUX AIDER QUELQU'UN, il faut que tu puisses sentir et souffrir avec lui. Mais en même temps, tu as besoin de garder une certaine distance par rapport à sa souffrance. Si, en quelque sorte, tu fusionnes avec lui dans sa souffrance, si tu ne t'imposes aucune frontière avec sa souffrance, tu t'immerges dans sa douleur, sans pouvoir l'en sortir. Il existe une compassion qui ne connaît aucune limite.

La pitié dont fait preuve Jésus dans la Bible est différente. Je ne puis ouvrir mon cœur à l'autre que si je suis en accord avec moi-même, que si j'ai en moi une assise ferme et que je trouve mon repos en Dieu. Si je compatis avec l'autre sans mettre aucune distance, je me mettrai à me lamenter avec lui sur les malheurs du monde. Mais, ainsi, je n'aurai pas soulagé sa douleur.

Demeure en toi !

NOUS RENCONTRONS SOUVENT des gens constamment en train de juger autrui. Même si nous ne parlons pas à haute voix, notre cœur ne cesse de s'occuper des autres. Ces jugements nous dissuadent de faire un examen sérieux de notre vie personnelle.

Nous sommes toujours préoccupés de savoir ce que font les autres. Toujours à l'affût de détecter leurs défauts et, ainsi, nous échappons à notre propre vérité. Mais alors, jamais nous ne parviendrons à nous connaître et jamais nous n'accéderons à la paix intérieure.

Qui se cramponne, rejette la vie

La sérénité exige aussi que je lâche prise. Je ne dois pas me retenir moi-même, ni avec mes soucis, ni avec mes peurs, ni avec mes sentiments dépressifs. Pas mal de gens s'accrochent à leurs blessures. Ils ne peuvent pas s'en défaire. Ils s'en servent pour accuser ceux qui les ont meurtris. Mais, ce faisant, ils finissent pas refuser la vie.

Nous devons lâcher encore nos meurtrissures et nos vexations. Tu as besoin de l'ange de la sérénité qui t'instruise sur ton aptitude à prendre des distances et du recul par rapport à toi-même, afin que tu examines ta vie personnelle d'un point de vue qui te dépasse toi-même.

Répands et acueille l'amour

QUAND NOUS CESSONS DE NOUS DISPERSER, en accueillant l'amour qu'on nous offre, nous stoppons le mouvement qui nous entraîne de plus en plus vers la faiblesse et la vacuité. Nous avons seulement besoin d'ouvrir les yeux. Bien des personnes nous offriront de l'amour et de l'affection. Nous n'avons qu'à les saisir.

Il nous faut accepter l'amour que nous offrent nos parents. Chacun devrait s'attribuer quelque chose de son père ou de sa mère, en tirant le pan de leur vêtement. Il n'y a pas de parents qui n'aient rien à donner à leurs enfants. Même si la générosité des parents a été limitée, nous en avons tous un peu bénéficié. Et c'est seulement parce que nous avons eu notre part, qu'il est possible, à notre tour, de donner.

La plénitude de la vie

BÉNIR QUELQU'UN SIGNIFIE parler en bien de lui, lui dire des paroles agréables, l'assurer du bien que Dieu veut lui accorder. En m'adressant à lui de la sorte, je l'aide à rejoindre le bien déjà présent en son cœur.

Bénir, ce n'est pas seulement dire du bien à l'autre, mais c'est lui parler de façon aimable, lui faire entendre des paroles de réconfort. Pour les Juifs, la bénédiction est la plénitude de la vie. L'homme béni de Dieu ne manque de rien.

Quand je bénis un homme, je lui souhaite tout le bien possible, je lui souhaite que Dieu lui accorde la plénitude de la vie, qu'il devienne à son tour une source de bénédiction pour les autres.

Quand nous bénissons d'autres hommes, la bénédiction passe de nous à notre entourage. Nous les rencontrons d'une autre manière, avec des yeux neufs. En bénissant, nous transmettons la bénédiction que Dieu vient de nous donner. Une bonne parole est prononcée sur nous. Nous sommes bénis.

Se comprendre

SE COMPRENDRE SIGNIFIE : ne pas utiliser l'autre à ses propres fins, créer une bonne relation et l'entretenir réciproquement. Cela réussit seulement quand chacun des deux est fiable.

Je ne peux bien m'entendre avec mon ami que si je me comprends bien moi-même et si j'ai acquis une connaissance suffisante de moi.

Avec les yeux de l'amour

AIMER NE SIGNIFIE pas d'abord avoir des sentiments d'affection. *Lieben* (aimer) vient de *liob* qui veut dire *bon*. Ce qui compte en premier lieu, c'est la confiance, une bonne vue des choses, pour pouvoir aimer et témoigner de la bonté. L'amour implique d'abord une vision nouvelle.

Demande à ton ange de l'amour qu'il veuille t'accorder des yeux nouveaux, que tu puisses voir les personnes de ton entourage et toi-même sous un jour nouveau, afin que tu puisses découvrir le bon fond en toi et chez les autres.

La bonté est rayonnante

Est bon celui qui a une bonne opinion de nous. Un homme bon propage de l'affection. On sent à son regard de bonté et à ses paroles aimables que son cœur est bienveillant et que, chez lui, la bonté l'emporte. Elle rayonne dans une âme qui est bonne de nature et qui est remplie par le bon esprit, avec lequel elle est en harmonie

Qui ressent en son âme une grande bonté, croit à la bonté chez un autre homme. Parce qu'il voit ce qui est bon chez l'autre, il saura aussi le traiter avec générosité. Par son attitude de bienveillance, il suscite le bon fond de l'autre.

NE T'AGITE PAS – EXISTE !

Deviens paisible et serein

Désir refoulé

L'HOMME QUI REFOULE SON DÉSIR, le remplace par la dépendance qui est toujours l'expression d'un désir réprimé et non avoué. L'état de dépendance conduit l'homme à satisfaire ses besoins. Il ne peut se passer de boire de l'alcool ou de prendre de la drogue. Celui qui est l'esclave de son travail n'en fait jamais assez ; il lui faut travailler toujours plus. Il y est poussé par son état de dépendance.

Le trouble qui se trouve de nos jours chez un grand nombre de gens est souvent l'expression de la dépendance qui les domine et les rend insatiables.

Notre cœur est sans repos

POUR AUGUSTIN, L'HOMME est essentiellement quelqu'un qui a des aspirations. Il aspire au succès, à la possession, à la rencontre d'un ami, d'un être humain qui l'aime. Mais dans tous ses désirs, c'est à Dieu qu'il aspire, la véritable patrie, l'amour absolu, la sérénité absolue.

Saint Augustin est lui-même un homme animé d'un désir intense de paix et de patrie. Dans les *Confessions*, il se demande : « Qui me donnera de me reposer en Toi ; qui me donnera que tu viennes dans mon cœur, que tu l'enivres, que j'oublie mes maux et que je puisse t'enlacer, Toi, mon seul bien ? » Et c'est lui qui donne la réponse : « Mon cœur est inquiet, jusqu'à ce qu'il repose en Toi. »

Des ailes de cire

De nos jours, il existe beaucoup d'hommes qui sont fascinés par les voies spirituelles. Ils pensent qu'ils pourraient les suivre, sans au préalable suivre la route austère de la connaissance de soi, de la confrontation avec ses propres zones d'ombre. Les moines nous mettent en garde contre une spiritualité qui assiégerait le ciel.

Inévitablement, nous connaîtrons le sort d'Icare qui s'est confectionné des ailes de cire et qui s'est écrasé sur le sol, quand il s'est trop approché du soleil. Les ailes que nous nous fabriquons, avant d'affronter notre réalité propre, ne sont que des ailes de cire. Elles ne nous portent pas.

S’arrêter

IL EST INDISPENSABLE DE S’ARRÊTER pour parvenir au silence. Je dois cesser d’aller de-ci de-là et de m’agiter. Je dois m’arrêter et demeurer en moi. En m’arrêtant, je commencerai par aller à ma rencontre. Je ne pourrai plus extérioriser mon désarroi ; je pourrai l’appréhender en moi. Seul celui qui résiste à son inquiétude, trouve le silence. *Still* (silence) est un mot allemand qui est proche de *stillen* (apaiser). Une mère apaise son enfant, elle calme son bébé qui crie sa faim.

Ainsi, dois-je apaiser mon âme qui crie intérieurement très fort. Si je cesse de vagabonder à l’extérieur, la faim de mon cœur se manifeste. Il a besoin de nourriture. Il me faut m’adresser à mon cœur d’une façon maternelle, pour qu’il trouve la paix. Pourtant, beaucoup ont peur de prêter attention à la clameur de leur cœur. Ils préfèrent s’en détourner, pour vagabonder d’un lieu à un autre. Mais mon cœur continue de crier. Il a besoin d’affection et entend être apaisé.

Respecter les rituels

Si j'organise ma vie et que je lui imprime une forme qui réponde à mes goûts et qui me soit favorable, j'ai du même coup le plaisir de vivre. J'ai le sentiment de mener ma vie et non de la subir. C'est mon style personnel : au lever, au commencement de la journée, dans la façon de me rendre au travail, dans l'organisation de mes repas, à la fin de la journée. Un style de vie sain appelle des rituels sains. Sans le respect de ces rituels, se glissent furtivement des rituels malsains et morbides ; par exemple, je commence la journée à toute allure, j'avale mon petit déjeuner, j'arrive toujours en retard. Les rituels sains mettent de l'ordre dans ma vie et ils me procurent de la joie à structurer ma vie par moi-même.

Erhart Kästner écrit sur les rites qu'il a observés au mont Athos : « À côté de la fébrilité qui pousse à conquérir le monde, il y a un intense besoin congénital de répéter la même chose sous des formes anciennes. Dans les rites, l'âme est à l'aise. Ce sont des cadres solides. Ici, il est agréable de vivre… Ici, les écuelles garnies sont préparées, elles représentent les coupelles de mon âme. Ici, on sort, on rentre : les dons sont habituels, le repas l'est aussi. Si le cerveau désire le changement, le cœur recherche toujours l'identique » (*Le Tambour des heures de la sainte montagne Athos*).

Corps et âme

C'EST DANS L'ÂME QUE COMMENCE LA PAIX. Ce qui s'impose d'abord, c'est de parvenir à la paix, à l'intérieur de nous-mêmes. Ensuite, le repos se produira dans le corps tout entier. Une fois que notre cœur se sera apaisé, nous accomplirons notre tâche posément, nos gestes découleront de cette paix intérieure et nous participerons alors au repos créateur de Dieu.

Le repos n'est pas le résultat de nos efforts

L'INCAPACITÉ D'ACCÉDER AU REPOS, répond au désir de l'homme contemporain de pouvoir enfin décrocher, pour parvenir au repos. Les séminaires où l'on promet de découvrir des chemins qui fassent accéder au repos sont bondés.

Des méthodes psychologiques ou des techniques de détente physique, on attend qu'elles nous conduisent enfin à la paix intérieure à laquelle on aspire. Mais le repos ne peut s'effectuer en recourant à des méthodes de détente extérieure. Il résulte d'un chemin spirituel.

Le chemin de Kafka vers le bonheur

« En théorie, il existe une possibilité parfaite d'atteindre le bonheur : croire à ce qui est indestructible en soi et ne pas y aspirer » (Franz Kafka).

C'est un chemin insolite que, dans le texte qu'on vient de citer, le poète juif Franz Kafka nous décrit comme chemin du bonheur. D'un côté, nous devons croire à ce qui est en nous indélébile et à la demeure de Dieu. Mais, de l'autre, nous ne devons pas y aspirer. Il nous faut renoncer à atteindre Dieu en nous, par exemple, par la méditation ou la contemplation. Nous devrions croire en Dieu qui est en nous, sans nous exposer à la pression qui nous amènerait à vouloir faire l'expérience de ce Dieu et celle de le ressentir.

La foi, la représentation que nous nous faisons de ce caractère indélébile en nous, doit nous suffire. L'idée que Dieu demeure en moi et que là où il demeure, le monde n'a aucun pouvoir sur moi et nul ne peut me blesser, est suffisante pour que je ressente une liberté intérieure et que j'y découvre mon bonheur.

Cette affirmation de Kafka est paradoxale : je serai heureux, en renonçant à ressentir le bonheur. Je crois au caractère indélébile qui est en moi, en renonçant à l'atteindre par de quelconques techniques de méditation ou d'ascèse. L'inaltérable réside bien en moi, même si je ne l'éprouve pas. Dieu est en moi, même si je n'en fais pas l'expérience. C'est cette foi en l'inaltérable en moi qui me confère le bonheur véritable, le bonheur au-delà de toute expérience, au-delà de tout sentiment de bonheur.

Soucis et objectifs de la vie

Dans le Sermon sur la Montagne, Jésus nous engage à nous libérer de nos soucis : « Ne vous inquiétez donc pas, en disant : Qu'allons-nous manger ? Qu'allons-nous boire ? De quoi allons-nous nous vêtir ? » (Matthieu 6, 31.) Nous ne devons pas sans cesse nous tracasser, en nous demandant si dans notre vie, nous aurons suffisamment de quoi manger, si nous aurons assez d'affection et de tendresse ou si nous en manquerons, si nous aurons belle allure et si nous répondrons à ce qu'on réclame de nous. « Car ce sont là toutes choses dont les païens sont en quête. Or votre Père céleste sait que vous avez besoin de tout cela. Cherchez d'abord son Royaume et sa justice et tout cela vous sera donné par surcroît » (Matthieu 6, 32 s.).

Quand nous visons un objectif qui nous dépasse, c'est alors seulement que nous pouvons sauver notre vie. Prendre le Royaume de Dieu comme « but de notre quête » veut dire que c'est Dieu qui règne en nous et non plus nos schémas de vie, ou la voix de nos parents que nous avons intériorisée dans notre Surmoi. Si Dieu règne en nous, il nous sera possible de parvenir à notre personnalité véritable. Dans notre vie, le but que nous devons viser ne réside pas dans la performance, mais dans ce qui caractérise notre être, dans notre mission.

Décompresser

QUAND JE SUIS IRRITÉ, il vaut mieux que je lutte contre ce qui m'agace en allant me promener ou courir dans la forêt. La marche peut me libérer de mon agitation intérieure et des problèmes qui me préoccupent.

Le philosophe danois Sören Kierkegaard a fait l'expérience qu'il n'y a aucun souci que l'on ne puisse faire disparaître. En marchant tranquillement, je peux me délivrer de mes préoccupations. Évidemment, cela ne réussira pas, si mon jogging se fait dans l'excitation, si je me contente de compter les kilomètres que je me suis imposés comme un pensum. Je dois être tout entier à ma randonnée. Dans les mouvements que j'effectue, j'assume mon agitation intérieure et je l'apaise. Et, au retour de ma promenade, je m'assieds pour méditer et je suis beaucoup plus calme qu'auparavant. Toute l'agitation intérieure s'est dissipée.

Justement dans ce monde fébrile, nous avons besoin de recourir à des démarches corporelles, pour chasser l'inquiétude. Outre la promenade, la marche ou la course, ce peut être aussi le jardinage. Si je décompresse physiquement, je peux ensuite être beaucoup plus paisible.

Toucher à l'essentiel

La méditation est le chemin par lequel nous accédons à l'espace intérieur de la paix. Si méditer n'implique pas que nous soyons totalement en silence, nous devons éviter de nous mettre sous pression. Cela n'a rien à voir avec la concentration. Nos pensées continuent de surgir. Nous ne pouvons pas les interrompre.

Mais si nous prêtons attention, si, par notre parole et notre respiration, nous parvenons de plus en plus en profondeur jusqu'à la pointe de notre âme, il est possible alors que, pour un moment, nous soyons dans le silence total. Nous sentons que nous touchons à l'essentiel.

Où demeure le bonheur ?

« Ce n'est pas dans la possession de troupeaux et d'or que se trouve le bonheur de la vie ; le siège du bonheur est l'âme » (Démocrite).

Bien des personnes aspirent au bonheur en acquérant le plus de richesse possible ; mais celle-ci ne rend pas heureux. Qui ne ressent pas le bonheur dans son âme, c'est en vain qu'il lui court après en le cherchant dans le monde de la possession ou du succès. Jamais il ne possédera assez, jamais il ne sera suffisamment reconnu, jamais il n'obtiendra assez de succès pour qu'il soit heureux.

Le bonheur demeure dans l'âme, dans la sphère intérieure de l'être humain. Là où l'homme est en harmonie avec lui-même, où il sent sa singularité, là où il a conscience de sa dignité divine, là est le bonheur qu'aucun échec, aucune perte et aucun refus ne pourront lui ravir.

La paix se propage

L'EXPÉRIENCE DE LA PAIX INTÉRIEURE me suggère des pensées pacifiques sur mes semblables. Les pensées d'hostilité et de colère n'y ont pas leur place. Pour ma part, la paix n'est pas d'abord un appel à l'obligation de vivre en paix avec tout le monde.

À vrai dire, la paix naît chez des hommes qui ressentent ma paix intérieure. Je ne suis pas du tout dans l'obligation de faire la paix. La paix est en moi et elle se propage d'elle-même.

Trouve du temps uniquement pour toi

SI TU TROUVES LE COURAGE D'ÊTRE SEUL, tu peux aussi découvrir comme il peut être bénéfique d'être totalement à soi, sans rien avoir à montrer ni à prouver, sans avoir à se justifier.

Peut-être, pourras-tu alors faire l'expérience de l'unité intérieure qui est en toi.

Serein – et soucieux de porter ton regard sur toi

SELON CASSIEN, nous accédons au véritable repos du cœur après avoir fait taire les ennemis intérieurs que sont les « propres membres de la famille » (Matthieu 10, 36). « Là où les propres membres de notre famille cessent de lutter contre nous, là se réalise le Royaume de Dieu dans la paix du cœur. » Il est en nous, quand sous ne sommes plus tourmentés par nos passions et nos émotions, par nos besoins et nos souhaits.

Délicat et recueilli

CELUI QUI EST RECUEILLI réunit en sa personne ce qui est différent et ce qui est dispersé. Il a fait l'unité en lui. Il est en accord avec lui-même et avec ce qu'il fait. Il ne se laisse pas distraire par la variété des objets et des activités. Il peut tout rassembler. L'idée du mot allemand *Sammlung* (recueillement) se retrouve dans tous les autres mots qui se terminent par le suffixe « sam ». *Achtsam* (celui qui est attentif) évoque le respect, la réflexion sur son activité, sur le sujet qu'il est en train de traiter et sur l'instant présent. Le sens du mot allemand *Behutsam* (prudent) associe la bonne garde et la protection à toutes ses actions. Sur tout ce qu'il fait, il déploie sa sollicitude, sa vigilance et sa surveillance. Et l'idée de *Sammlung* se rapproche de celle de l'adjectif *sanft* (délicat, doux, discret).

Il est délicat, celui qui est en paix envers les autres hommes et les choses qu'ils fréquentent. Son recueillement l'aide à sortir la distraction, de la dispersion, et de l'agitation ; il débouche sur une action recueillie, prudente et discrète. Qui est en accord avec ce qu'il entreprend, adopte un comportement plein de délicatesse. Qui est en harmonie avec soi, avec ses besoins et ses désirs les plus divers, avec ses passions et ses émotions demeure plein de douceur vis-à-vis de lui et il vit en paix, gérant les oppositions qui l'habitent. Et, en relation avec ceux qu'il rencontre, il lui est impossible d'être indélicat et rigide. Au contact d'autrui, il se montre plein de douceur vis-à-vis de ses interlocuteurs.

Douce lumière

JE TROUVE QUE LA DOUCE LUMIÈRE automnale est toujours une image pour un homme qui regarde avec douceur sa propre personne, ses défauts et ses faiblesses, ainsi que les autres et leur part d'humanité. De son regard plein de douceur, un tel homme plonge sa propre réalité et son entourage dans une douce lumière.

À la douce lumière de l'automne, tout est splendide. Les feuilles bigarrées de l'arbre resplendissent dans toute leur beauté. Même l'arbre desséché n'en est pas dépourvu. Tout se revêt d'un éclat particulier.

Je connais des gens de qui émane une telle douceur. J'aime me trouver en leur compagnie. J'aime m'entretenir avec eux. Tout me permet d'être ce que je suis, comme je suis. C'est un climat général d'apaisement : « Tout est bien ainsi ! » La vie a souvent bousculé ces vieillards ; ils sont passés par des hauts et des bas. Mais à présent, à l'arrière-saison de leur vie, ils portent un regard de douceur sur toute chose. Rien d'humain ne leur est resté étranger. Mais ils ne condamnent rien. À la douce lumière de l'automne, ils laissent briller les choses, tout à fait telles qu'elles sont devenues.

Quand le temps s'arrête

LE TEMPS ET L'ÉTERNITÉ se rejoignent dans l'instant. Quand nous vivons entièrement dans l'instant présent, le temps s'arrête. Probablement que chacun a déjà fait l'expérience de contempler avec fascination un coucher de soleil. Et il n'a pas vu passer le temps.

Quand nous sommes voués à telle ou telle tâche avec une totale intensité, nous oublions le temps ; il s'arrête et nous sommes seulement dans le pur instant, le pur présent. On pressent alors le repos sabbatique éternel auquel nous participons dès maintenant.

La leçon de la panthère

QUAND NOUS OBSERVONS une panthère dans sa cage, nous admirons à quel point elle déploie des mouvements amples et souverains. Nous savons qu'elle peut, dans l'instant qui suit, se précipiter sur sa victime à une vitesse incroyable. Mais elle prend son temps ; elle se donne le temps… Chez nous, le temps est de l'argent.

Nous devons épargner le plus de temps possible, pour nous libérer en vue d'une tâche plus importante. Mais on peut s'interroger : qu'est-ce qui à nos yeux est plus important ? Avec le temps qui nous reste, bien souvent nous ne savons pas quoi entreprendre. Souvent nous nous agitons. Mais pour aller dans quelle direction ?

D'une absolue tranquillité

Les expériences d'un repos absolu, où le temps et l'éternité se rejoignent, se vivent quand nous contemplons une fleur, un paysage ou un tableau d'art.

Quand nous sommes en train d'observer, il n'y a plus de différence entre le spectateur et l'objet qu'il regarde. Il y a une totale coïncidence. Et le temps cesse, lui aussi, d'exister.

Nous pouvons encore éprouver cette paix, en écoutant un mouvement lent de Bach ou de Mozart, que nous sommes tout ouïe et que nous ne nous laissons distraire par rien. Nous communions dans l'écoute. Au cœur du temps, nous effleurons l'éternité. Parfois, il en va de même avec la lecture, quand nous lisons un livre. Subitement, un passage nous touche et il nous est impossible de poursuivre. Il faut absolument que nous nous arrêtions. Nous sommes tout simplement présent.

Absence de soucis

L'ANXIÉTÉ ET LES SOUCIS assombrissent l'esprit. Certes, je me préoccupe de mon avenir, mais je saurai raison garder. C'est la peur qui me suggère des tâches et des assurances stupides.

L'art consiste, en même temps, à se faire du souci pour l'avenir et à savoir nous en libérer. Je dois faire ce qui est en mon pouvoir et, ensuite, plein de confiance, m'en remettre à Dieu.

À l'ombre d'un arbre

IL ÉTAIT UNE FOIS UN HOMME tellement irrité par la vue de son ombre qu'il était très malheureux à cause de ses propres pas ; il décida de les laisser derrière lui. Il se dit : « Je vais leur échapper ! » Il se leva et partit. Mais, chaque fois qu'il posait le pied, il avait de nouveau fait un pas et l'ombre n'avait aucune peine à le suivre. Il se dit : « Je dois marcher plus vite. » Alors, il marcha de plus en plus rapidement et il marcha si longtemps qu'à bout de force, il s'écroula.

S'il s'était contenté d'aller se mettre à l'ombre d'un arbre, il se serait dégagé de son ombre et il aurait pu s'y asseoir : c'en aurait été terminé avec ses pas. Or, c'est le contraire qui arriva.

Table

Cet ouvrage a été composé
par Atlant'Communication
aux Sables-d'Olonne (Vendée).

Imprimé par
Normandie Roto Impression s.a.s., 61250 Lonrai
en juin 2011
pour le compte des Éditions Salvator.

Imprimé en France
N° d'impression : 11-2362
Dépôt légal : juin 2011